U0958561

华夏文库

经典解读系列

数术之变

——《三十六计》探智

刘国建 著

中原出版传媒集团
大地传媒

海燕出版社

“华夏文库”发凡

毫无疑问，每一个时代都有属于自己时代的精神追求、文化叩问与出版理想。我们不禁要问，在21世纪初叶，在全球文明交融的今天，在信息文明的发轫初期，作为一个中国出版人，我们正在或者将要追求什么？我们能够成就或奉献什么？我们以何种方式参与全球化时代的文化传播进程？在一连串的追问下，于是，有了这套“华夏文库”的出版。

自信才能交融。世界各大文明在坚守自身文化个性的同时，不约而同地加快了探视其他文化精神内涵的步伐，世界不同文明正在朝着了解、交流、碰撞、借鉴与融合的方向前进。在此背景下，建立自身的文化自信，正是与世界各文明民族进行文化交流的基本要求。五千年中华文明与文化正在不断地被其他文明所发现、所挖掘、所认知，汉语言正在生长为世界语言，儒文化正在世界各地生根发芽。借助这样一种正在成长着的文化自信、自觉、开放、亲和之力，用我们这个时代的学术眼光全面系统梳理中华五千年的文明与文化，向其他各大文明与文化圈正面展示自我，让中华优秀文化成为世界文化的重要组成部分，正是我们出版这套文库的目的之一。此其一。

知己才能知彼。身处五千年文化浸润的今天，重新思考我们先人的人生思考、价值思考与哲学思考，找到一个民族、一个国家的价值所在、立命所在、安身所在，这已经是我们这个时代的学人与出版人不得不再思考的问题。作为中华文明的一分子，我们在思考的同时，还必须了解我们的先人创造了如何优秀的精神文明与物质文明以及社会文明。只有熟知自己的文化，热爱自己的文化，悟明自己的文化，我们才能宣说自己、弘扬自己、光大自己。因此，我们策划组织这套“华夏文库”的初衷，还在于让当下的知识青年全面系统瞭望中华文明与文化的全景，并借此能够对更为深广的世界各民族文化提供一个比较认知的基础。此其二。

顺势才能有为。我们正处在农耕文明、工业文明、信息文明的交会处，信息文明带领我们从读纸时代进入读屏时代，以智能手机屏幕为代表的书籍呈现方式正在与纸质书籍争夺阅读时间与空间。我们正在领悟数字技术，正在以信息文明的视角，去整理、分析和研究农耕文明与工业文明的文化遗产，不仅仅是为了唤醒优秀的传统文化，我们还在生发和原创着当今时代的文化。由此，我们试图架起一座桥梁——由纸质呈现而数字呈现，由数字呈现而纸质呈现，以多媒介的书籍呈现方式，将文字、图像、声音与视频四者结合，共同筑成“华夏文库”，以奉献给信息文明时代的新读者。此其三。

总之，这是一套——专家大家名家写小书；以最小的阅读单元，原创撰写中华精神文化、物质文化与社会文明系列主题与专题；以图文、音视频多媒介呈现的方式，全面介绍与传播中华文明与优秀文化，系统普及与推介中华文明与文化知识；主旨是为了让世界与中国共同了解中国的——大型丛书，借此，复兴文化，唤起精神，融入世界。

耿相新

2013年6月27日

前言

谋略作为中国传统文化的重要组成部分，自古迄今，不但在国家政治、军事、经济、外交等涉及治国安邦的所有领域发挥了巨大的作用，而且在中华民族人格塑造方面的功用更是不可低估。当人们提到秦皇汉武、唐宗宋祖的时候，首先想到的是他们的雄才大略，而“大略”，正是谋略文化滋养的结果。

中国传统谋略大体分为三大流派，即法家谋略、兵家谋略和纵横家谋略。法家谋略偏重于政治，以《韩非子》为代表；兵家谋略偏重于军事，以《孙子兵法》为代表；纵横家谋略偏重于外交，以《鬼谷子》为代表。三家既相对独立，又交融互见，共同构成了中国传统谋略的庞大体系，并深刻影响了中国政治的历史走向。

《三十六计》是中国古代的一部兵书，其确切的成书年代和作者已不可考，由于书中所引战例大都发生在宋代以前，所以一般认为它大约成书于明清之际。但《南齐书·王敬则传》中即有“三十六策，走是上计”一语，可见“三十六计”在成书之前已在民间流传千年之久了。

在中国古代兵学典籍中，《三十六计》还是一部最富“草根”色彩且知名度极高的兵书。说它“草根”，一是因为它虽然历史悠长，却迟至民国年间才在坊间现身，而且是“无名氏”的作品，而“无名氏”的另一含意则是“集体创作”，即众多有心人的代名词；二是因为《三十六计》博大精深的阴阳原理和能引起人们无尽遐思的谋略是用最通俗的语言加以传达的，这无疑拉近了它与普通大众的距离。人们可以不懂得阴阳八卦的原理，却能直观把握每计的精要。说它知名度极高，是因为“三十六计走为上”似乎已达到了妇孺皆知的程度，从普通大众的角度说，它甚至比作为兵学圣典的《孙子兵法》具有更高的知名度。

《三十六计》最大的特点是以《易》演兵，即以《周易》的阴阳原理为基础，推演论证了奇正之变、真假之变、虚实之变、进退之变、刚柔之变、主客之变、明暗之变、强弱之变、远近之变、曲直之变等诸多谋略范畴。《三十六计·总说》中“数中有术，术中有数”之“数术之变”，正是运用阴阳变化之大道理——数，去推演权谋变化之小道理——术，从而揭示兵学一般规律的尝试。《淮南子·人间训》：“见本而知末，观指而睹归，执一而应万，握要而治详，谓之术。”讲的正是用“数”之大道理去贯通万物之小道理的过程和方法。

在中国古代，数术乃“知命之术”。“命”即天命，规律。《汉书·艺文志》共著录数术类书籍一百九十种两千五百二十八卷，内容涉及天文、历法、地理、阴阳五行等诸多方面的知识，于此可见知命之难。然而“知命”又是古代圣贤君子达到“德”之境界的必要途径。孔夫子曰：“不知命，无以为君子也。”程颐对此解释说：“知命者，知有命而信之也。”这讲的是一要“知”，二要“信”。一知二信不胡来，这是不是也有点科学发展的味道？

《三十六计》的作者们当然也意识到了“知命”之难，所以他们先用通俗的语言对计名加以概括，然后用“解语”去阐释其深刻的道理，最后用“按语”中的典型战例加以印证，以便读者体悟书中真味，可谓用心良苦。即便如此，在笔者看来，虽然计名形象生动，但由于《易》理难解，“按语”战例叙述简略，这对于今天的普通读者理解《三十六计》，仍难免有雾里看花之感。有鉴于此，笔者在对“解语”和“按语”作了大意讲解之后，又对本计作了一番分析。这分析，只是本人的一点心得，断难收到登临绝顶，一览无余的功效，但至少是“横看成岭侧成峰”，见仁见智，作为一得之见，能起到抛砖引玉的作用，吾愿足矣。

平心而论，对于《三十六计》，很长时间我是敬而远之的。之所以“敬”，是因为它那些智慧的光芒直泄而来的计名，如瞒天过海、围魏救赵、声东击西、暗度陈仓、欲擒故纵等所承载的历史文化信息，会立刻燃起你感怀历史、体悟智慧的渴望。之所以“远”，是因为还有不少计名，如借刀杀人、笑里藏刀、趁火打劫、上屋抽梯等充满了阴毒肃杀之气，令人毛骨悚然，望而却步。

这就涉及一个问题：谋略，到底是烛照黑暗生活的光芒还是毁灭美好生活的烈焰？是启人心智、打开成功之门的钥匙，还是坏人心术、致使世风日下的罪魁祸首？是令人神往的天使，还是避之犹恐不及的恶魔？其实，谋略既不是天使，也不是恶魔，它只是人们用来达到一定目的的手段和工具而已。政治的或伦理的价值尺度只适于对“目的”的评判，在手段或工具面前就显得苍白无力。好比说，刀子既可用来烹调美味，也可用来杀人，我们不能因为它可用来杀人便抱怨起它的锋利来。

竞争之世重谋略，但愿中国传统谋略在新的历史条件下焕发出更加夺目的光彩。

刘国建

2015年4月于郑州

目 录

总说

第一套 胜战计

7 第一计 光天化日之下的阴谋——瞒天过海
11 第二计 批亢捣虚自为解——围魏救赵
14 第三计 嘤其鸣矣，求其友声——借刀杀人
20 第四计 东山高卧时起来，欲济苍生未应晚——以逸待劳
24 第五计 烽火夜似月，兵气晓成虹——趁火打劫
27 第六计 小阴谋中的大智慧——声东击西

第二套 敌战计

33 第七计 丝丝夭棘出莓墙——无中生有
36 第八计 明修栈道欺秦楚，暗度陈仓惊鬼神——暗度陈仓
40 第九计 隔岸红尘忙似火，当轩青嶂冷如冰——隔岸观火
44 第十计 笑歌声里轻雷动——笑里藏刀
47 第十一计 两情相识似有意——李代桃僵

50 第十二计 何须枉费推移力——顺手牵羊

第三套 攻战计

55 第十三计 一声霹雳龙蛇活——打草惊蛇
58 第十四计 偷来梨蕊三分白，借得梅花一缕魂——借尸还魂
62 第十五计 向晚一身当道食，山中麋鹿尽无声——调虎离山
66 第十六计 能攻心则反侧自消——欲擒故纵
70 第十七计 新栽杨柳三千里，引得春风度玉关——抛砖引玉
74 第十八计 射人先射马，擒贼先擒王——擒贼擒王

第四套 混战计

79 第十九计 抽薪止沸，剪草除根——釜底抽薪
84 第二十计 桃花流水鳜鱼肥——浑水摸鱼
88 第二十一计 蜕形浊污中，羽翼便翾好——金蝉脱壳
91 第二十二计 围师必阙的反面解读——关门捉贼
94 第二十三计 秦王赖以统一天下的利器——远交近攻
98 第二十四计 说不尽的唇亡齿寒——假道伐虢

第五套 并战计

103 第二十五计 忽到窗前疑是君——偷梁换柱
106 第二十六计 醉翁之意不在酒——指桑骂槐
109 第二十七计 真作假时假亦真——假痴不癫
114 第二十八计 山回路转不见君，雪上空留马行处——上屋抽梯
117 第二十九计 红杏枝头春意闹——树上开花

120 第三十计 但使主人能醉客，不知何处是他乡——反客为主

第六套 败战计

127 第三十一计 直抵人性薄弱处——美人计
130 第三十二计 智者胆大不妄为——空城计
133 第三十三计 大仁大智者的游戏——反间计
136 第三十四计 挑战生物本能——苦肉计
140 第三十五计 更看谋略称筹幄——连环计
143 第三十六计 不得已而为之——走为上

跋

芒砀山刘季斩蛇（据明天启苏州白玉堂刻本《东西汉传》）

总说

【解语】六六三十六。数中有术，术中有数。阴阳燮理，机在其中。机不可设，设则不中。

【按语】解语重数不重理。盖理，术语自明；而数，则在言外。若徒知术之为术，而不知术中有数，则术多不应。且诡谋权术，原在事理之中、人情之内。倘事出不经，则诡异立见，诧世惑俗，而机谋泄矣。或曰：三十六计中，每六计成为一套。第一套为胜战计，第二套为敌战计，第三套为攻战计，第四套为混战计，第五套为并战计，第六套为败战计。

以上是《三十六计》“总说”的原文。也是《三十六计》的基本体例，即计名、解语和按语。“总说”就是本书纲领，是理解本书精髓的关键。大意是说，六乘六的积是三十六。在事物发展变化的规律中蕴藏着权谋，而权谋的设定和运用过程中又体现着事物发展的规律。阴阳调和是宇宙万物的基本规律，而事物发展的枢要和关键就体现在阴阳调和的大道理之中。任何机变权谋都不能离开事物阴阳调和的道理去设计，否则，就要招致失败。

解语重视事物发展的内在规律而不重视权谋本身的道理。因为权谋本身的道理通过表述权谋的语言即一目了然，而事物发展的内在规律则在语言的表述之外。如果仅仅就权谋本身来理解权谋，而不晓得权谋所反映的事物发展的内在规律，那么，这样去运用权谋，多不能达到预期的效果。况且诡谋权术的创制和运用，本在事理之中、人情之内。倘若诡谋权术的创制和运用有悖事理人情，则诡异之处就会立即显现，引起世人的惊诧和疑惑，机谋亦会随之败露。

三十六计每六计为一套，共六套。每套计的命名不必拘泥于文字。“胜战计”未必就是处于绝对优势之计谋，“败战计”也未必就是处于败军态势之计谋。如瞒天过海未必就是处于绝对优势时可用，美人计也未必就是处于绝对劣势时可用。兵无常势，水无常形，贵在因地而变，因时而变，因人而变，因势而变。“兵者，诡道也。”其活的灵魂就是一个“变”字。

“总说”博大精深，涵摄多学科规律，一言难尽，容在后面分计细说。

第一套

胜战计

贺亡秦鸿门设宴（据明天启苏州白玉堂刻本《东西汉传》）

第一计　光天化日之下的阴谋

——瞒天过海

【本计解语】备周则意怠，常见则不疑。阴在阳之内，不在阳之对。太阳，太阴。

解语大意：一般来讲，军事防御体系周密时，其警觉性反而容易懈怠，司空见惯了的东西就不容易引起人们的怀疑。诡秘的计谋往往就潜藏在公开的事物里边，而不是在公开事物的对立面里。光天化日之下的事物里边可能就潜藏着最为机密的计谋。太阳，完全公开；太阴，极为隐秘。全句意为，在完全公开的行动里面可能潜藏着极为隐秘的计谋。

【本计按语】阴谋作为，不能于背时秘处行之。夜半行窃，僻巷杀人，愚俗之行，非谋士之所为也。如开皇九年，大举伐陈。先是，弼请缘江防人，每交代之际，必集历阳，大列旗帜，营幕蔽野。陈人以为大兵至，悉发国中士马，既而知防人交代，其众复散。后以为常，不复设备。及若弼以大军济江，陈人弗之觉也。因袭南徐州，拔之。

按语大意：秘密筹划的计谋要付诸实施，就不能在秘密处进行。半夜偷东西，在僻静的小巷杀人，这是愚蠢之人的粗俗行为，不是谋士所应该做的事情。例如，隋文帝开皇九年（589）隋朝攻伐南朝陈国的战役就是运用“瞒天过海”计谋的典范。战前，隋朝将领贺若弼奉命统领江防，他经常调防沿江部队，调防前，部队全部赴历阳（治所在今安徽和县）集中，并且大张旗帜，营帐蔽野，大造声势以惊动陈国。陈国果真以为隋将大举进攻，于是调发全国士卒兵马，准备迎战。后来发现，隋朝只是军队调防，便只好遣散军队。这样反反复复，陈国对隋朝在历阳大列兵马便习以为常，不作戒备。后来，贺若弼挥师渡江，陈国军队未曾发觉，隋军乘势攻拔南徐州。

本计计名源自一个传说。据《永乐大典·薛仁贵征辽事略》记载，唐太宗贞观十七年（643），唐太宗李世民御驾亲征，三十万大军直指高丽。一天，大军来到海边，但见白浪滔天，茫茫无际，太宗不免犯起愁来。前部总管张士贵急召众将问渡海之计。众将面面相觑，一片沉寂。忽然有一个叫薛仁贵的跳将出来，一副胸有成竹的样子，说道：“这有何难，此处有一仙人，可让山岳让路、江海开道。”接着又凑近张士贵神秘兮兮地耳语一番。张士贵奏明皇上，皇上不禁大喜过望，命张士贵导引，前往会见那位神奇的仙人。一天，太宗在张士贵的引领下向海边走去，通过一个帷幔遮蔽的通道，来到一座华丽的小殿堂。这殿堂内，绣幔锦彩，茵褥铺地，群臣恭立迎候。太宗十分高兴，召见了那位神奇的仙人，并赐宴群臣，与仙人共饮。酒酣之时，忽然狂风四起，涛声大作，杯盘倾倒，人不自持。太宗大惊，忙向左右询问，近侍揭开帷幔，但见波涛汹涌，水光接天。太宗如堕五里雾中，一脸茫然。张士贵这才从实奏明，这是他用的“瞒天过海”之计，根本没有什么神奇的仙人，三十万大军借助风势，已航行在茫茫大海之上，并且将要安全靠岸了。

这里的“天”，本指天子，所谓“瞒天过海”，意即哄瞒着天子，让他在欢乐轻松的气氛中平安渡海。后世则用来指称在光天化日之下而实施的战略战术欺骗。此计的奥妙就在于所有的战略战术欺骗是在光天化日之下进行的，是在敌方习以为常的行动中完成的。

“备周则意怠，常见则不疑。”这是人们心理活动的一般规律，而且还是为大多数人所认识的规律。然而，正是这为大多数人所认识的一般规律却往往遮蔽住了大多数人的眼睛，在重大的政治军事行动中屡试不爽，古今中外不乏精彩的战例。隋将贺若弼讨伐南陈的战争、1973 年阿以“十月战争”都是运用“瞒天过海”之术而实现战略欺骗意图的典范。

贺若弼沿江作军事布防，进行大规模的军事集结，这是大规模军事进攻的先兆，并不属“常见”之列。所以陈朝统治者如临大敌，在全国征调军队，秣马厉兵，准备迎敌。然而，隋军不断地调防，不断地集结，却不实施南进的行动，如此者三以至无穷，这大规模的行动便演变成“常见”之举。久而久之，陈军也就疏于戒备了，这时，机密的阴谋也就在这“常见”之举中得以隐藏和实施了。可见，这“常见”之举，既可以是人们早已习以为常的行止，也可以是人们并不习以为常的行止，谋略高手就在于能够化“非常”之举为“常见”之举，从而达到战略欺骗的目的。

1973 年 10 月 6 日，是世界军事史上一个值得纪念的日子。这一天，埃及和叙利亚的联军突然越过苏伊士运河，向以色列发起猛烈进攻，重创以军，显示了阿拉伯世界的力量，结束了阿拉伯世界在阿以战争中屡战屡败的历史，从而令以色列、阿拉伯世界、美国对之刮目相看，也为埃及和以色列率先实现和平奠定了坚实的基础。而“瞒天过海”正是阿拉伯国家胜利的法宝。这份欺骗计划充分利用了西方和以色列对阿拉伯人的看法：阿拉伯人不能保住任何秘密，阿拉伯军队都缺乏战斗力，阿拉伯人没有能力实施任何协调一致的军事行动……这份计划的核心是要迷惑以色列和西方分析家，让他们对阿方沿苏伊士运河和在戈兰高地大规模集结兵力和武器做出合情合理但却是错误的解释。除重大的政治外交欺骗外，阿方还采取了许多军事步骤。首先是沿苏伊士运河构筑强大的防御工事。这是常理之中的事，因为1967年中东战争以后，阿方沿苏伊士运河已无险可守。其次是每年都在运河边上举行针对以色列的大规模的军事演习。年年举行军事演习，年年却无战事发生。再次是1973年埃及于5月、8月、9月发出三次预警，大肆制造“狼来了”的恐怖气氛，迫使以色列耗费大量资金进行战争准备。要知道，花钱对犹太人来说是一件很痛苦的事情。最后是利用秋季在运河边上进行的例行军事演习实施大规模军事集结。白天把军队开到运河边上，晚上再撤回去。然而晚上撤回去的军队只有一半，另一半则潜伏在运河边上的隐蔽工事里，如是者三，使军事集结顺利完成。通过这一系列的步骤，阿方便在以色列人的眼皮子底下完成了军事集结和战争准备。10月6日，运河两岸一如往常，祥和而安静，有垂钓的，有游泳的，军官照常休假。总之，所有这一切，都让人很难与战争联系起来。然而正是在这祥和安静的气氛中，正是在以色列人的密切注视之下，令以色列人猝不及防的中东战争爆发了，也谱写了世界军事史上辉煌的战例。

正如后来埃及总统萨达特所说：“由于科学的进步，搜集情报和研究军队调动情况的工作，可以由人造卫星、侦察机和其他手段来完成。十月战争证明，了解军队的调动情况是一回事，弄清调动的意图是另一回事。”这就是“太阳，太阴”的道理所在。

第二计　批亢捣虚自为解

——围魏救赵

【本计解语】共敌不如分敌。敌阳不如敌阴。

解语大意：攻打集中的敌人，不如设法使敌人兵力分散，而后再打。攻打正面的强敌，不如攻打后方或侧翼的弱敌。

【本计按语】治兵如治水。锐者避其锋，如导疏；弱者塞其虚，如筑堰。故当齐救赵时，孙子谓田忌曰："夫解杂乱纠纷者不控拳，救斗者不搏击。批亢捣虚，形格势禁，则自为解耳。"（《史记·孙子吴起列传》）

按语大意：对敌作战，好比治水。对来势凶猛的强敌，就要避其锋锐，如同疏导分流；对于弱小的敌人，就要乘虚消灭，如同筑堤围堰，堵住水流。如当齐国准备挥师援救被魏军围困的赵国时，孙膑对齐国统帅田忌说："要解开杂乱纠缠在一起的绳索时就不能把拳头握起来捶打；劝解双方的争斗，自己就不能参加搏击；直捣敌人的咽喉和虚弱之处，使敌人受到形势的阻碍和限制，不能继续预计的军事行动，那么，敌人就会自动解围而去。"

本计源自《史记·孙子吴起列传》。公元前354年，魏将庞涓奉魏惠王之命率兵攻打赵国，并将赵国都城邯郸团团围住，邯郸危在旦夕。次年，赵国急忙向齐国求援，齐威王派田忌为将军，孙膑为军师，率兵八万驰援赵国。这孙膑正是春秋时期兵圣孙武的后代。田忌本来想挥兵直指邯郸，与赵国军队内外夹击，歼灭围城的魏军，以解邯郸之围。孙膑建议说："古语说握紧拳头捶打，解不开纷乱缠绕的丝麻；赤膊上阵参与搏击，劝不开打斗的双方。排开抗拒的双方，直捣空虚之处，造成形势禁绝之势，矛盾就自然而然地化解了。如今魏国用兵围攻赵国，必然是精兵锐卒围攻邯郸，老弱残兵留守国内。将军不如乘虚直取魏国都城大梁（今河南开封市），占据交通要道，捣其空虚之处，庞涓必定解邯郸之围而回救大梁。我们可利用庞涓回救心切之势，设伏以待，这样就可以收到一举两得的效果：既解邯郸之围，又能趁魏军疲惫之机将其歼灭。"田忌依计而行。庞涓果然率军回救大梁，在桂陵（今河南长垣西北）遭到齐军伏击，溃不成军，大败而归。正是此役成就了军事史上一段精彩的谋略佳话，为人津津乐道，流传数千年。

本计的核心是要选择敌人的要害且空虚之处实施攻击，迫使敌人撤围回救，并设伏歼灭运动中的敌人，即所谓"批亢捣虚，形格势禁，则自为解耳"（《史记·孙子吴起列传》）。这里的目标是"自为解"，而"自为解"的前提条件是"批亢捣虚，形格势禁"。因此这里所说的"自为解"是不得不解的意思。正如孙子所说："能使敌人自至者，利之也；能使敌人不得至者，害之也。"（《孙子兵法·虚实篇》）意为能使敌人自觉自愿地到来，是以利引诱的结果；能使敌人无法到达其预定地域，则是我制造困难阻碍的结果。以精兵锐卒围攻守备空虚的都城大梁即为以害诱之：敌人不至，乃因对其有害。可见，孙膑不愧是孙武的后代，深得《孙子兵法》的要领。

解语说“共敌不如分敌。敌阳不如敌阴”，“批亢”（即排开抗拒的敌人）是分敌，“捣虚”则是敌阴。

解放战争中刘邓大军千里跃进大别山，运用的正是这一原理。1947年蒋介石向解放区的全面进攻被粉碎后，又集结六十万兵力向山东解放区和陕甘宁解放区发动重点进攻，以四十万兵力进攻山东，以二十万兵力进攻陕甘宁。这指向东西两翼的两个拳头对山东和陕甘宁造成了巨大威胁。刘伯承形象地比喻为“哑铃战术”。既然是“哑铃”，则两头粗，中间细。当蒋介石的两个拳头向两翼打出去以后，他的胸膛便暴露了。以毛泽东为首的中央军委审时度势，命刘邓的晋冀鲁豫野战军实施中央突破，强渡黄河，大闹鲁西南，在大量歼灭敌人的有生力量以后，又以出其不意的动作挺进大别山，在蒋介石的胸膛上插上一刀，威胁国民党的心脏南京。这一“捣虚”之举，迫使蒋介石放弃重点进攻，急忙从陕甘宁和山东抽调兵力回救中原，这样，中共陕甘宁、山东两个解放区被蒋介石重兵围困的危急形势得以解除，蒋介石的重点进攻被粉碎。接着，共产党发起全面进攻，把战争引向国民党统治区，战争形势开始向有利于共产党的方向倾斜。正所谓“使敌人不得至者，害之也”。

第三计　嘤其鸣矣，求其友声

—— 借刀杀人

【本计解语】敌已明，友未定，引友杀敌，不自出力，以“损”推演。

解语大意：谁是敌人已经明确，而同盟军的态度尚在徘徊、观望中，就要诱导同盟军去杀敌，以避免消耗自己的实力。这一方略是从损卦中推演出来的。别看本计计名充满了阴毒肃杀之气，仔细揣摩，还真有点统一战线的道理在里面。“损”，六十四卦之一，兑下艮上。《易·损》：“象曰：山下有泽，损。”孔颖达疏：“泽在山下，泽卑山高，似泽之自损以崇山之象也。”

【本计按语】敌象已露，而另一势力更张，将有所为，便应借此力以毁敌人。如：郑桓公将袭郐，先问郐之豪杰、良臣、辩智、果敢之士，尽与姓名，择郐之良田赂之，为官爵之名而书之，因为设坛场郭门之外而埋之，衅之以鸡豭，若盟状。郐君以为内难也，而尽杀其良臣。桓公袭郐，遂取之（《韩非子·内储说下》）。诸葛亮之和吴拒魏，及羽围樊、襄，曹欲徙都，懿及蒋济说曹曰：“刘备、孙权

外亲内疏，关羽得志，权必不愿也。可遣人劝权蹑其后，许割江南以封权，则樊围自解。”曹从之，羽遂见擒。

按语大意：敌方的情况已经显露，而另一股势力正在壮大，并将有所作为，就应当借这一股势力去毁灭敌人。如郑桓公将要攻袭郐国，便先探问郐国有哪些豪杰、良臣、智慧之人、忠勇果敢之士，开列名单，并宣布打下郐国以后，将给他们封官晋爵，赠予他们良田。不仅如此，还煞有介事地在城外修筑祭坛，将拟封爵赠田的名单埋在地下，又杀鸡宰猪，举行隆重的仪式，如同订立重大盟约似的。郐国国君闻讯后，果真以为将发生内乱，尽杀良将贤臣。郑桓公因而轻而易举地灭了郐国。再如诸葛亮联合东吴抗拒曹魏，大破曹操于赤壁。蜀汉大将关羽围困樊城、襄阳，曹操欲迁都以避关羽锋锐。这时，司马懿和蒋济向曹操建议：“刘备和孙权外表亲密而内心疏远，关羽的目的得逞，是孙权所不愿看到的。可派人前往劝说孙权攻击关羽的后方，并许割江南之地封孙权。如此，樊城之围自然得解。”曹操依计而行，关羽终被孙权所擒。

此计源典在先秦史籍中俯拾即是。其核心有二：一是充分利用或制造敌人内部矛盾以达到削弱以至于消灭敌人、保存自己的目的；二是利用友邦的力量以达到削弱以至于消灭敌人、保存自己的目的。在自己处于弱势时，运用本计的意义更为重大。孔子的学生子贡在维护鲁国安全的斗争中将本计的精髓发挥得淋漓尽致，堪称经典。

春秋末期，齐国的田常欲加封自己为王，又畏惧强臣不允，于是准备挥兵讨伐鲁国，借以提高自己的威望，壮大自己的势力。孔子得到这一消息后，急忙召集自己的门徒说：“鲁国是我们的父母之国、祖坟之所在。如今国家危在旦夕，你们为什么无动于衷呢？”

学生们纷纷请缨为国效力，最后，孔子决定派子贡前往斡旋。

子贡到了齐国，对田常说："您打算攻打鲁国真是天大的过错。鲁国是难以讨伐的国家。因为它的城墙又薄又低，地域狭小，国君愚鲁而不仁，大臣虚伪而无用，将士和百姓又厌恶练兵打仗，所以您不能与鲁国开战。您倒不如转而去讨伐吴国。因为吴国城墙高大宽厚，地域广阔深远，盔甲坚固而崭新，将士精练而足食，重器精兵应有尽有，又有贤明的大夫统帅守御，这些都是易于讨伐的根据。"

田常听了这没头没脑的话，愤然作色道："你称为困难的正是常人认为容易的，你称为容易的正是常人认为困难的。以你子贡的聪明，拿这些是非颠倒的歪理来蒙我，你到底安的什么心？"

子贡回答道："臣听说有这样的格言：忧患在内部应该进攻强国，忧患在外部则应该进攻弱国。我还听说您曾经三次求封而没有成功，其根源就在于一些大臣不买您的账。如今您又打算攻破鲁国以拓展齐国的版图，战胜鲁军而使您的君主骄横，击破鲁国而使带兵的大臣们更受尊宠，而所有这些却显示不出您的功劳，这样您与齐君的关系就会日益疏远。您这样做的结果无非是：于上使齐君更加骄横，于下使群臣更加恣意妄为。如果是这样，您想成就大事恐怕就难上加难了。君上有骄傲之心则恣意妄为，臣下有骄傲之心则争权夺利。这样，就使您上与齐君矛盾重重，下与群臣相互争夺。果真如此，您在齐国的处境就很危险了。所以我说不如去讨伐吴国。如果伐吴不胜，则百姓在外大量战死，朝内大臣因带兵打仗而空。这样，上无强臣与您为敌，下无百姓说您的过错，您不就一手遮天，控御朝政了吗？"

田常喜忧参半，说："你说得很有道理。可是，我大兵已向鲁国进发，突然舍鲁攻吴，大臣必定怀疑我有鬼，该如何是好？"

子贡说："这好办。您暂且按兵勿伐，请您允许我前往吴国，说服吴王发兵救鲁而伐齐，您就可以名正言顺地掉转枪头，迎战吴国军队了。”

田常连连点头称是，并催促子贡赶快南下吴国。

子贡到了吴国，对吴王说：“臣听说做君王的不能让自己的世袭断绝，称霸天下的不能有强敌。虽有千钧之重，加铢两之轻就会发生倾斜。如今拥有兵车万乘的齐国去讨伐区区千乘的鲁国，公然与吴国争强，我为大王的危机深感忧虑。大王您想：出兵救援鲁国，可以名显诸侯；讨伐齐国又可获取大利啊！从安抚泗上诸侯着想，诛讨暴虐的齐国从而威服强大的晋国，没有比此举对吴国更有利的了。借保存行将灭亡的鲁国之名，而行困弱强大的齐国之实，明智的君王是不会犹豫不决的。”

吴王答道：“你讲得太好了。可是，我曾经与越国交战，越王含羞栖身会稽，卧薪尝胆，私养贤士，有报仇复国之心。待我先收拾了越国再行救鲁伐齐之事。”

子贡说：“越国的力量不过与鲁国相当，吴国的强大也不过与齐国相当，大王不顾齐国而去讨伐越国，不待伐越功成，齐国早已把鲁国灭掉了。况且，大王正以存亡国继绝世名显诸侯，此时却兴兵讨伐小小的越国而畏惧强大的齐国，这是没有勇气的表现。有勇气的人不逃避困难，有仁道的人不拒绝弱者的约请，富于智慧的人不坐失良机，有君临天下之志的人不使任何一国的王统断绝，目的在于立义理于天下。大王若按我所言，则保存越国把大王的仁义之心昭示天下诸侯，救鲁伐齐，威服晋国，诸侯必定竞相朝拜吴国，大王的霸业也就因此而成了。大王果真厌恶越国，请允许我去见越王，令其出兵随大王北伐，这实际上是使越国空虚，而名义上则是联合诸侯共同北伐。”吴王十分高兴，便让子贡出使越国。

越王听说子贡要来，打扫道路，率众到郊外迎接，并亲自驾车到子贡的住所拜访，问道：“此处为蛮夷之国，大夫何故辱身俯就？”

子贡答道："此前我请吴王出兵援救鲁国讨伐齐国，吴王本心愿意接受我的请求却又担心越国有异动，说要先伐了越国再救鲁伐齐不迟。如果这样，攻破越国就是毫无疑问的事了。假如本来没有报仇复国之心而被对方怀疑，这是笨拙的表现；假如有报仇复国之心而被对方识破，就面临危险了；密谋未及实施而先走漏了风声，危机也就降临了。这三点是成就事业的大患。"

越王顿首抱拳再次拜谢道："我曾经不自量力，与吴国交战，困在会稽，痛于骨髓，日日夜夜，唇焦舌干，只想与吴王同归于尽，这就是我的最大愿望。"越王接着向子贡请教对策。

子贡说："吴王为人凶猛残暴，群臣苦不堪言；连年征战，国家凋敝，将士疲惫；百姓怨声载道，大臣酝酿内变；子胥因直谏而死，太宰嚭把持朝政，顺从国君的过失以满足自己的私欲。以上种种，都是残败之国的政治作为。现在大王如果能够发兵助战以怂恿其北上之志，呈献重宝以讨好其贪婪之心，谦恭卑辞以尊隆其好礼之意，他必定挥军北上伐齐。如果北伐不胜，正是大王您的福分；若胜，必定进攻晋国，请允许臣北上说服晋王共同攻击吴军，定会达到削弱吴国的目的。如此，就会造成这样的局面：吴国锐兵尽于齐国，重兵困于晋国，而大王您正可乘吴国精力疲惫之机大显身手，灭掉吴国就是必然的了。"

越王喜不自胜，当即答应了子贡。为表感激之情，越王送子贡黄金百镒、利剑一把、良矛两杆。子贡辞谢，离越返吴。

子贡又回到吴国，向吴王报告："臣慎重而恭敬地把大王的话告诉了越王，越王十分恐慌，说：'我人生不幸，少年失掉先人，又不自量力，戴罪于吴国，军败身辱，栖身于会稽，国家荒莽空虚，幸赖大王的恩赐，得以延续香火，死不能忘，岂敢有什么不轨之谋？'"五天以后，越王派大夫文种来到吴国，向吴王拜谢道："听说大王将要高举义旗，诛强救弱，困暴齐而抚周室，请允许我们尽发境内之卒三千人，吾王勾践愿披坚执锐，身先士卒。并派贱臣奉献先人的藏器，甲二十领，以及屈户之矛、步光之剑，以表对吴国将士的贺意。”

吴王十分高兴，将此事告诉子贡并问：“越王愿意亲自跟随寡人讨伐齐国，可以吗？”子贡回答说：“不可。您想：空人之国，悉人之众，又使人的国君随从，这是不义之举。您应该接受他的钱财，允许他出兵，辞谢他的国君出征。”吴王许诺，于是征发九郡之兵北上伐齐。

子贡办妥了吴越的事情,便离开吴国来到了晋国,对晋君说道：“臣听说，事先不作长远考虑不能应付突发的变故，对战争之事不先作分析不能够战胜敌人。如今吴国将与齐国开战，若战而不胜，则越国必定乘机作乱；若战而取胜，必定兵威晋国。”晋君顿生恐惧，问道：“该如何是好？”子贡答道：“修好战具，休养士卒，以逸待劳即可。”

子贡完成了他的穿梭外交，回到鲁国，静待大国相争。吴王果然挥师北上，与齐军战于艾陵（今山东莱芜东北），大败齐军。又兵临晋国，形成吴、晋争强之势。后来晋、吴大战，吴军大败。越王得知吴军战败，乘机袭击吴国。吴王被迫撤军，与越王三战不胜，终被越国所灭。

太史公评价说：子贡一出，存鲁，乱齐，破吴，强晋而霸越。可见子贡的能耐。

太史公说：“天下熙熙，皆为利来；天下攘攘，皆为利往。”西方谚语说：“天下没有免费的午餐。”刀在别人手，岂肯轻易借予？然而，齐国田常欲篡位，吴王欲称霸，越王欲报仇，晋王欲保国。子贡正是激化并充分利用了四国间错综复杂的矛盾，达到了借刀杀人、维护弱小鲁国国家安全的目的。

第四计　东山高卧时起来，欲济苍生未应晚

—— 以逸待劳

【本计解语】困敌之势，不以战；损刚益柔。

解语大意：应用造势的方法使敌人陷于困窘的境地，而不是诉诸直接战斗；损毁消耗刚强的敌方，壮大柔弱的我方，使强弱双方向相反的方面转化。

【本计按语】此即致敌之法也。兵书云：“凡先处战地而待敌者佚，后处战地而趋战者劳。故善战者，致人而不致于人。”（《孙子兵法·虚实篇》）**兵书论敌，此为论势，则其旨非择地以待敌，而在以简驭繁，以不变应变，以小变应大变，以不动应动，以小动应大动，以枢应环也。如管仲寓军令于内政，实而备之**（《史记·管晏列传》）**；孙膑于马陵道伏击庞涓**（《史记·孙子吴起列传》）**；李牧守雁门，久而不战，而实备之，战而大破匈奴**（《史记·廉颇蔺相如列传·李牧附传》）。

按语大意：这就是调动敌人、战胜敌人的方法。兵书上说：“凡

是先到达战地等待敌人前来交战的，就主动安逸；后到达战地仓促应战的，就被动疲劳。所以，善于指挥作战的人，总要设法调动敌人而不被敌人所调动。”兵书所论战争艺术，在这里是指掌握战争主动权的艺术，其宗旨不仅仅是选择有利的地形驻军而等待敌人，更重要的是要以简单的军事行动来控御烦琐的军事行动，用不变化来对付变化，用小的变化来对付大的变化，以军队的静息来对付军队的行动，用较小的军队运动来对付较大的军队运动，这就好比以枢轴来控制圆周一样。如齐相管仲在治理齐国时，把加强军事贯穿于加强内政的过程当中，运用的是实而备之的战略，即当敌人力量强大时，就要加强战备、扩大军事实力；孙膑在马陵道伏击庞涓；李牧奉命防御雁门关，久驻不战，貌似怯懦，实际上却在加紧战备，后来一战而大破匈奴。

本计源出《孙子兵法》。其《虚实篇》说：“凡先处战地而待敌者佚，后处战地而趋战者劳。故善战者，致人而不致于人。能使敌人自至者，利之也；能使敌人不得至者，害之也。故敌佚能劳之，饱能饥之，安能动之。”其《军争篇》说：“以近待远，以佚待劳，以饱待饥，此治力者也。”

以逸待劳的要旨并不是选择有利地形并率先到达以等待敌人，使我安逸而敌劳顿，这只是要旨的具体运用。要旨在于“致人而不致于人”，即要掌握战争的主动权，充分调动敌人，分化敌人，消耗敌人的有生力量，使敌人的有利条件逐渐转化为不利条件，使我方的不利条件逐渐转化为有利条件，形成于我方最为有利的战争态势，达到以最小的代价换取最大的收获的目的。

春秋时期，晋国与楚国经常因为争夺对郑国的控制权而交战，郑国也依恃楚国的力量而与晋国相抗衡。一天，晋悼公向知武子请教彻底征服郑国的方略。知武子说：“郑国之所以对晋国离心离德，反复无常，是因为有楚国做后盾。只要削弱了楚国的力量，郑国也就自然而然地臣服了。不过，军队如果连续作战，战斗力就会减弱，频繁役使诸侯就会招来怨恨。如此内疲外怨，要想战胜强大的楚国是不可能的。因此，我主张把晋国军队分为三个部分，每次只动用其中一部分与楚交战，采用敌进我退、敌退我进的疲劳战术，使楚军疲于奔命。如此这般三部分轮流，周而复始，不需几年，楚国的战斗力就会大大下降，无力与我相争了。”晋悼公依计而行，楚国军力果然逐渐衰弱，最终放弃了对郑国的控制权。

隋开皇初年，隋文帝曾向高颎问起讨伐南陈的方略。高颎说：“江北气候寒冷，收割庄稼的时令较晚；江南气候炎热，水稻早熟。我可以利用江北、江南收割的时间差做文章。等到江南收割时节，我可征召少部分的兵马，声称集结兵力，准备南伐，他们必然屯兵守御，这样就耽误了农时；等他们兵力集结完毕，我则解甲而去。这样反复几次，他们就会习以为常，警惕性逐渐降低，等我再次大规模集结兵力时，他们也就不以为意了。我可乘其犹豫之际，突然挥师南渡，必能大破贼兵。另外，江南房舍多用竹茅搭建而成，粮食、器物的储存都不用地窖。我可以秘密派人过江借风纵火，焚烧他们的储备物资，他们会再建房舍，建了我们再烧，用不了几年，他们就会财力俱困。”文帝采纳了他的建议，南陈果然逐渐衰败了。

鲁庄公十年（前 684），鲍叔牙奉齐桓公之命率军攻打鲁国，鲁庄公以曹刿为军师，在长勺（今山东莱芜东北）布阵，迎战齐军。鲍叔牙曾大败过鲁军，所以根本不把鲁军放在眼里。两军刚一遭遇，齐军便在隆隆的战鼓声中接连向鲁军发起三次冲锋。鲁庄公本想迎着齐军的冲锋发起反冲击，却两次被曹刿制止。鲁军在齐军的前两次冲锋面前，收紧阵地，纹丝不动。鲁军避齐锋锐，不与其交战，齐军认为鲁军已被吓破了胆，接着便发起第三次冲锋，这时鲁军擂响了战鼓，向齐军猛冲过去，齐军心理准备不足，被鲁军杀得七零八落。

鲁军大获全胜，但鲁庄公却不明白取胜的道理，便问曹刿："齐军前两次冲锋，你严令各军不许出战，等敌人第三次擂鼓，你才指挥我军出击，这是为什么呢？"曹刿说："战争胜利的关键在勇气。擂鼓的作用就是鼓舞士气。擂第一通战鼓时士气最旺，擂第二通战鼓时士气就开始衰落了，擂第三通战鼓时就没有什么士气了。当敌人没有士气时我方士气正旺，因此我们能战胜他们。"

以上三个战例，晋国以小股部队骚扰楚军整休，达到了以逸待劳的目的；隋军则大造声势，使南陈军队举国动员，严密布防，误其农时，又烧其物资，达到了以逸待劳的目的；曹刿则采取避敌锐气的方法，达到了以逸待劳的目的。总之，"致人而不致于人"，化敌有利为不利，化己不利为有利，牢牢掌握战争的主动权，才是以逸待劳的灵魂。

第五计 烽火夜似月，兵气晓成虹

—— 趁火打劫

【本计解语】敌之害大，就势取利，刚决柔也。

解语大意：当敌人遭遇到严重困难或陷于危厄境地时，就要乘机出兵夺取利益，即以下乾这一阳刚之卦冲决上兑这一阴柔之卦。

【本计按语】敌害在内，则劫其地；敌害在外，则劫其民；内外交害，则劫其国。如越王乘吴国内蟹稻不遗种而谋攻之，后卒乘吴北会诸侯于黄池之际，国内空虚，因而捣之，大获全胜（《国语·吴语·越语下》）。

按语大意：当敌方有内忧时，就侵占它的领土；当敌方有外患时，就劫掠它的百姓；当敌方内忧外患岌岌可危之时，就趁势吞并它。例如，越王勾践乘吴国遭受自然灾害的侵袭，螃蟹、稻子都死绝时，便筹划攻取吴国的方略，后来终于趁吴王夫差北上黄池会盟各方诸侯、国内防御空虚的时机，攻取吴国，大获全胜。

本计源自《孙子兵法·计篇》。孙子所讲“诡道十二法”中有“乱而取之”，即趁火打劫之意。所谓趁火打劫，就是趁别人家里着火，一片混乱之机，去抢劫别人的财物。这是一种形象的比喻。本计应用于政治、军事和外交领域，是指借对手内乱、外患、灾害、空虚等种种不幸和危机，总之是实力衰弱、方寸已乱的时机，向其发动政治、军事、外交攻势，抑或是三者结合，制伏对手，获取尽可能大的利益。

19 世纪 60 年代前后，清王朝内忧外患，风雨飘摇。太平天国运动风起云涌，攻城略地，一路凯歌；英法联军发动第二次鸦片战争，攻占北京，迫使清王朝签订不平等条约，割地赔款。这时的清王朝就如同百病缠身的老人，气衰力竭，已无力抗击任何外来的攻击。沙俄便乘人之危，迫使清王朝签订一系列不平等条约，割去清王朝外兴安岭以南、乌苏里江以东近百万平方公里的领土，并得到了同英法一样在中国的一系列特权。沙俄并非趁人之乱、无暇防备之机偷偷摸摸地行窃，而是趁人有备而无力防御之时，在光天化日之下打劫。这也算是对趁火打劫之术的“发扬光大”。

春秋时期的越王勾践也是趁火打劫的高手。他对吴王卑躬屈膝，怂恿吴王救鲁伐齐，称霸中原，并拨出精兵三千随吴王北上，以示对吴王的忠诚。然而，待吴王倾国中精锐北上与齐、晋争霸中原并最终被晋国打败时，勾践毫不犹豫，发兵突袭守备空虚的吴国。吴王被勾践抄了后路，急忙南撤回援，但吴国将士长期征战在外，又长途跋涉，已是疲惫之师、强弩之末，根本无法与休养多时、精力充沛的越军相抗衡，最终被勾践所灭。“越王勾践灭吴”这个脍炙人口的历史故事，向我们传递的不仅仅有越王卧薪尝胆、受辱不羞、坚韧不拔、矢志不渝这种令人敬仰的优秀品质的信息，同样也有不择手段、趁火打劫、口蜜腹剑、笑里藏刀等令天真善良的人们产生遗憾和悲悯的信息。

然而，战争是惨烈的，政治是无情的。试想，一个由君王而沦为阶下囚的人，一个饱尝屈辱的人，一个怀满腔亡国之恨而立志复国的人，其所思所想、所作所为，无一不是指向对手的危难、衰败和覆亡。在这里，没有怜悯，没有道德，没有君臣之义，没有儿女情长，只有你死我活、暗箭和明枪。

第六计　小阴谋中的大智慧

——声东击西

【本计解语】敌志乱萃，不虞，坤下兑上之象。利其不自主而取之。

解语大意：敌人情志混乱而且憔悴，便难以预料和正确判断形势的发展。根据萃卦的道理，上卦为兑，兑为泽；下卦为坤，坤为地：这是泽水淹大地、洪水横流的象征。要利用敌人不能自控的混乱形势攻取它。

【本计按语】西汉七国反，周亚夫坚壁不战。吴兵奔壁之东南陬，亚夫便备西北。已而，吴王精兵果攻西北，遂不得入（《汉书·周勃传》附）**。此敌志不乱，能自主也。汉末，朱隽围黄巾于宛，张围结垒，起土山以临城内，鸣鼓攻其西南，黄巾悉众赴之。隽自将精兵五千，掩其东北，遂乘虚而入（**《后汉书·朱隽传》）**。此敌志乱萃，不虞也。然则，声东击西之策，须视敌志乱否为定。乱，则胜；不乱，则自取败亡，险策也。**

按语大意：西汉景帝时，吴、楚等七国联合发动叛乱，名将周亚夫奉命平乱，却坚壁不战。围城的吴兵向东南集结，作攻打城东南之势，周亚夫却置之不顾，命部众重点防守西北。不久，吴军精锐果然向城西北发起攻击，因汉军有备，所以未能得手。这是敌方情志不乱，尚能自我控制的例子。汉末，朱隽率军把黄巾军围困在宛城，修筑堡垒，并堆起土山，俯视城内，首先鸣鼓向城西南发起攻击，黄巾军果然全部赴西南拒战。朱隽乘势率精兵五千猛攻城东北，得以乘虚击入。这一战例，便是敌方情志混乱且憔悴，不能正确预料和判断形势发展的典型战例。如此看来，声东击西策略的运用，必须依敌方情志是否混乱而定。敌方情志混乱，运用声东击西的作战策略，就能够取得胜利；敌方情志不乱，运用声东击西的作战策略，那将自取败亡，在这样的情况下，声东击西是一种很危险的策略。

兵圣孙武在其“诡道十二法”中有“攻其无备，出其不意”一语，杜佑《通典》亦有“声言击东，其实击西”的说法。这大概是本计的计名来源。声东击西战术的运用，目的就是要扰乱敌人的视听，达到“攻其无备，出其不意”的效果。

战国时期，齐国有个孟尝君（即田文，谥孟尝君），多年在齐国为相，又好招纳天下贤士，号称门下食客三千人，因而名满天下。秦国与楚国深深敬畏孟尝君的才能和威望，为了削弱齐国的力量，便时常派人在齐王面前诋毁孟尝君，制造内讧。齐王也深恶孟尝君的名望太高，在齐国专权，一时冲动便罢免了他。门下食客见其主人被齐王罢免，纷纷离去，另投新主。这时有一个叫冯谖的食客不但不离去，反而对孟尝君说：“您借给我一辆车，还有适量的金子，只要我到了秦国，我就会让您在齐国重新得到重用，并且还能使您的封邑增多，您看这样行吗？”孟尝君自然求之不得，备足了车马盘缠送冯谖上路。

冯谖到了秦国，对秦王说：“天下有才能的人凡是不顾车马劳顿到秦国来的，都是为了使秦国强大而使齐国衰弱；相反，凡是到齐国去的人都是为使齐国强大而使秦国衰弱。秦、齐为雄雌之国，势不两立，谁为雄谁就得天下。”

“通过什么方式可以使秦国不为雌国？”秦王顿时来了精神，急切地问道。

“大王大概也知道齐王罢免孟尝君的事情吧？”冯谖不紧不慢地说。

秦王点头道：“听说过。”

冯谖说：“齐国之所以为天下诸侯所推重，全赖孟尝君之力。如今齐王轻信了别人的诋毁而罢免了他，他怎能不心怀怨恨？怨恨至极导致背叛。如果他背叛了齐国来到了秦国，则齐国的世事人情就会随之归向秦国，秦国就能把齐国拿过来，岂止是为雄而已！您应该赶紧派人带上车马财货秘密迎接孟尝君，机不可失。如果齐王一旦觉悟，重新起用孟尝君，则秦、齐两国谁雌谁雄，恐怕就难以预料了。”

秦王十分高兴，派十辆车组成的车队带着黄金百镒向齐国进发，迎接孟尝君。

冯谖则先期回到齐国，向齐国的国王把齐、秦势不两雄的道理讲了一通，然后又神秘兮兮地说：“我听说秦王得知孟尝君被罢免的消息后欣喜若狂，急忙派使者率庞大的车队并携黄金百镒秘密迎接孟尝君入秦。孟尝君不西行则罢，如果西行入秦国为相，则天下人心向背尽归秦国，秦为雄而齐为雌；齐为雌，则临淄、即墨恐怕就难保了。大王何不抢在秦国使者到达之前重新起用孟尝君，并扩大他的封邑以示歉意呢？孟尝君有了面子，一定会接受的。秦国虽然是强国，但也不至于把别国的相抢到自己国家吧。这样就可以挫败秦国挖别人的墙脚以称霸诸侯的图谋。”

齐王如梦方醒，急忙派人到边境迎接秦国使者，并告诉他们孟尝君已复位，归还其封邑，并加封一千户。秦使无功而返。

这是声东击西战术在政治斗争中的运用。孟尝君想恢复自己在齐国的地位，但仅在齐国范围内已经无能为力。政治斗争历来波诡云谲、残酷无情，有实力才有发言权。齐王既然能够罢免孟尝君，说明孟尝君虽然有相当的实力，但还不足以同国王相抗衡，他不可能以武力相威胁达到自己的目的。他也不能跪地求饶，奴颜婢膝，因为这是没有能力的表现。他也不宜逃往国外，尽管不乏愿意接纳他的诸侯。因为，离开了自己的国家便失掉了立身的根基，何况他去了国外还要面对更为严重的猜疑和嫉妒。孟尝君又不甘寂寞，怎么办？

战国末期，七雄争霸，均以统一天下为己任，人才竞争异常激烈；孟尝君才学、声誉满天下，又在齐国为相多年，颇有人气。冯谖正是充分利用了这两个有利条件，用他的三寸不烂之舌，向秦、齐两国国君强调霸业的竞争实际上就是人才竞争的道理，说动国力强盛的秦国国君派出庞大的使团迎接孟尝君人秦为相，迫使齐王为了国家利益不得不重新起用孟尝君，从而使孟尝君的地位更加稳固。

由此看来，声东击西，扰乱视听，其战术的运用，并不能随心所欲。“声东”，使齐相信，使秦配合，尤为不易。这比军事上的声东击西更加困难。因为军事上的对手只有一个，而政治上冯谖面对的对手却是两个（齐王和秦王），没有高超的政治智慧和丰富的外交经验是难以达到目的的。

第二套

敌战计

遣樊哙明修栈道（据明天启苏州白玉堂刻本《东西汉传》）

第七计　丝丝夭棘出莓墙

——无中生有

【本计解语】诳也，非诳也，实其所诳也。少阴，太阴，太阳。

解语大意：运用假象欺骗敌人，并不是说始终都是假象，而是要逐渐由虚变实。由小的假象到大的假象，最后突然变为真相。

【本计按语】无而示有，诳也。诳不可久而易觉，故无不可以终无。无中生有，则由诳而真，由虚而实矣。无，不可以败敌；生有则败敌矣。如令狐潮围雍丘，张巡缚藁为人千余，披黑衣，夜缒城下。潮兵争射之，得箭数十万。其后复夜缒人。潮兵笑，不设备。乃以死士五百斫潮营，焚垒幕，追奔十余里（《新唐书·张巡传》）。

按语大意：本来没有而向敌方表示有，这是一种欺骗。但这种欺骗手段不可能长期有效，因为欺骗毕竟容易被发觉，所以，没有，就不宜始终没有。从没有变为有，就是从欺骗变为真实，从虚无变为真实。虚无和假象毕竟不能打败敌人；从虚无和假象中生出的真实才能打败敌人。如“安史之乱”中，令狐潮包围了雍丘（今河南杞县），雍丘守将张巡命令把千余个披着黑衣的草人乘夜用绳子缒到城下。令狐潮部将发觉后，以为城内出兵偷袭，纷纷放箭，张巡因此获得数十万支箭。此后，张巡又乘夜把将士缒下城去，令狐潮部将发觉后，讥笑张巡故技重演，不做戒备。张巡以敢死之士五百人奔杀令狐潮营垒，焚毁营垒，追杀十余里而还。

在一般人的心目中，“无中生有”就是捏造事实、欺瞒众人，甚至指鹿为马、嫁祸于人，总之，它是同光明磊落、正直崇高等等这些令人仰慕的字眼格格不入的。这样的理解不及“无中生有”含义的冰山一角。无中生有，讲的是有与无、虚与实、真与假的辩证关系。老子说：“天下万物生于有，有生于无。”有无相生，相互依存，相互变化。孙子说：“兵者，诡道也。故能而示之不能，用而示之不用，近而示之远，远而示之近。”这是有与无变化的规律在军事上的运用。又说：“善出奇者，无穷如天地，不竭如江河。”如日月运行，此升彼落；如四时交替，冬去春来，永无穷尽。作为一部重要的兵书，《三十六计》把“无中生有”作为对敌作战的一计，其含义已远远超出一般人的理解，它所涉及的是战略战术的欺骗问题。

无而示之有，有而示之无，抑或有而示之有，无而示之无，可因敌而变，无成式，无恒形，目的都在于制造假象，迷惑敌人。但无中生有的核心是“有”，而不是“无”。因为归根结底，“无”不能胜敌，“有”才能胜敌。另一方面，“有”离不开“无”，“有”之胜敌的条件是“无”之惑敌。如按语所举，张巡率兵守雍丘，抗拒叛军。夜缒黑衣草人之举为“无”，而敌人误以为“有”，万箭齐发，使张巡得箭数十万，此时“无”已开始向“有”转化，而敌人已信其为“无”；此后，张巡又乘夜缒将士出城为“有”，而敌人笑张巡故技重演，不信其“有”，结果被张巡偷袭了军营，杀了个营毁人亡，狼狈而逃。

苏联红军在卫国战争中也曾成功运用过无中生有战术。一次，苏联红军某突击小分队接到迅速破坏敌人某重要运输通道的任务，最好的办法是在这条通道上布设地雷，而当时他们手中没有地雷。任务紧急，容不得他们拖延。于是他们急中生智，制作了一批用德文写着“小心地雷”的木牌子，乘夜越过敌人的防线，将这些木牌子插在这条公路上。天亮以后，敌人的运输车队经过这条公路时，见到这些牌子，不明虚实，便停了下来。人们竞相围拢上来，议论纷纷，造成严重堵塞。这时，苏联红军突然向敌人的车队发起炮击，敌人损失惨重。

“小心地雷”实为“无”，而敌人怀疑其为“有”。很显然，这里要人“小心”的“地雷”不可能变为真地雷，无中不能生有；而且在很短的时间内敌人就会识破这“地雷”为“无”。然而，突然的炮击为“有”，只不过此“有”非彼“有”而已。可见，所谓无中生有，既可以生此“有”（即与“无”同类之“有”，如草人变真人），也可以生彼“有”（即与“无”不同类之“有”，如地雷变炮击）。

有无之变，无穷如天地，不竭如江河。此言不虚。

第八计　明修栈道欺秦楚，暗度陈仓惊鬼神

——暗度陈仓

【本计解语】示之以动，利其静而有主，益动而巽。

解语大意：用军事上的佯动来迷惑敌人，利用敌人重点防守此处而彼处空虚之机，突袭敌人的彼处。根据益卦的道理，下震为雷为动，上巽为风为顺，如此风雷激荡，势力益增。

【本计按语】奇出于正，无正则不能出奇。不明修栈道，则不能暗度陈仓。昔邓艾屯白水之北，姜维遣廖化屯白水之南，而结营焉。艾谓诸将曰："维今卒还，吾军少，法当来渡，而不作桥，此维使化持吾，令不得还，必自东袭洮城矣。"艾即夜潜军，径到洮城，维果来渡。而艾先至，据城，得以不破（《三国志·魏志·邓艾传》）。此则姜维不善用暗度陈仓之计，而艾察知其声东击西之谋也。

按语大意：用兵的奇策是从正常的用兵方法中产生的，只有诱使敌人按正常的用兵原则来判断我方的行动意图，才能达到出奇制胜的目的。不明修栈道来吸引敌人，就不能达到暗度陈仓的军事

目的。三国时，魏将邓艾屯军白水北岸，蜀将姜维派将军廖化屯驻白水南岸，并安营扎寨，作久持之状。邓艾对诸将说："姜维突然还军同我对峙，我军兵少，按一般的军事常识，蜀军应渡水同我接战，而至今仍不修桥作渡水准备，据此可以判定，姜维的意图是让廖化与我相持，以吸引我方兵力，使我不得还军，而姜维自己必定乘机东袭洮城（在今山东鄄城西南）。"邓艾即率军乘夜秘密还军洮城。果如邓艾所料，姜维率军至洮城，而邓艾已先期到达，据城防守，因此而未被蜀军所破。这就是姜维不善于运用暗度陈仓的计谋而邓艾洞察姜维声东击西之谋的战例。

此计的全名是"明修栈道，暗度陈仓"，为楚汉战争中大将韩信所设计。

楚霸王项羽率领诸侯灭掉秦朝后，按当时楚怀王与诸侯的约定，先入关中者为关中王，那么率先打入关中的刘邦应做关中王。可是，为推翻秦朝立下了汗马功劳的项羽实力强大，傲视群雄，岂肯把土地肥沃、险塞环绕的关中拱手让给刘邦？于是他把楚怀王抛在一边，自封为西楚霸王，都彭城（今江苏徐州）；封刘邦为汉中王，都南郑；而把关中分封给了秦朝三位降将（章邯、王欣、董翳）。刘邦自知不是项羽的对手，便忍气吞声，前往汉中。为了防止诸侯尾随偷袭，也为了向项羽表示自己毫无东归之意，从而达到迷惑项羽的目的，刘邦用张良的计谋，一路烧毁了通往汉中的栈道。栈道烧归烧，但刘邦一刻也没有放弃率兵东归与项羽争夺天下的野心，从此便拉开了恢宏惨烈的楚汉战争的序幕。

经过半年多的休养生息，刘邦决定率兵东向，逐鹿中原。但关中的三位降将时刻注视着刘邦的一举一动，杀出汉中，绝非易事。于是大将韩信充分调动了他的军事灵感和才能，派出一批军民去修复已被烧毁的栈道，摆出欲从栈道出兵的架势，以吸引关中注意力，而自己则与刘邦率主力从小道出陈仓（古县名，为关中与汉中之间的交道要冲，治所在今陕西宝鸡东），奇迹般降临在敌人面前，大败降将章邯，平定三秦。这就是著名的“明修栈道，暗度陈仓”的典故来源。

本计的特点是一明一暗，一正一奇；以明隐暗，以正蔽奇。所谓正兵，即与敌正面交锋之兵，摆在明处之兵；所谓奇兵，即迂回掩袭敌人无备之兵，藏在暗处之兵。孙子在《孙子兵法·势篇》中说：“凡战者，以正合，以奇胜。”这讲的是兵以诈立，无奇不成兵，无奇不言胜。又说：“善出奇者，无穷如天地，不竭如江河。”这讲的是奇正变化的奥妙在于奇正难辨、没有奇正。假如奇正之兵让敌人一望便知，则无所谓奇正之分了。如《李卫公问对》所说：“善用兵者，无不正无不奇。”又说：“以奇为正者，敌意其奇，则吾正击之；以正为奇者，敌意其正，则吾奇击之。”这就是孙子所说“战势不过奇正，奇正之变不可胜穷也”的道理。

韩信是古代著名军事家，运用奇正之变是得心应手。他居然连续使用暗度陈仓之计而又连连得手。一场战争中连续使用同一计谋似为兵家之忌，但韩信不怕，因为此暗度非彼暗度，此陈仓非彼陈仓；彼胜有理，此胜自然。不信，你看战例。

公元前 206 年，刘邦在彭城被项羽打得惨败，各地小诸侯纷纷背汉降楚，魏王豹亦借回国省亲之机起兵反汉，与楚联合。刘邦先派使者说服魏王豹不成，便命韩信率军讨伐。魏王豹在蒲坂（在今山西永济市西蒲州）集结兵力，并以重兵封锁黄河渡口临晋（在今陕西大荔东），阻止汉军渡河。韩信来到黄河边，见渡口已被魏王豹重兵封锁，不宜强攻，便下令安营扎寨，同时派人沿河考察地形，打探消息。这天，韩信突然命令在河边演练兵马，制造渡船，旌旗猎猎，人声鼎沸，一派大战前的紧张气氛。同时秘密派人购置能容纳二人的罂（酒器，腹大口小），属下问作何用途，韩信也不回答，搞得人们一头雾水。一天夜里，韩信留一部分兵力继续同魏王对峙，自己则率主力急行军至上游的夏阳（古县名，在今陕西韩城）渡口，用木头夹住罂，抛入河中，连成一排，稳稳当当，既能渡人，又能渡粮，不是渡船，胜似渡船，汉军辎重人马顺利渡河，直捣安邑（古邑名，在今山西夏县西北，战国初为魏国国都）。再说魏军，他们突然面对从天而降的汉军，惊恐万状，军心大乱，被汉军杀了个人仰马翻，魏王豹也被生擒。

注意此次渡河的特点：大批渡船排列在临晋河面，魏王只能把防御的重点放在临晋；魏王的情报无论多么准确，他做梦也不会把罂同渡河联系起来，而且夏阳又无船无兵。正是以上的“不可能”成就了夏阳渡河的“可能”，假如说在临晋作势渡河还可能让对手有所怀疑的话，此次夏阳渡河则纯属神来之笔，常人的思维不可企及，胜得连敌人也不得不佩服。

“微乎微乎，至于无形；神乎神乎，至于无声。故能为敌之司命。”（《孙子兵法·虚实篇》）

第九计　隔岸红尘忙似火，当轩青嶂冷如冰

——隔岸观火

【本计解语】阳乖序乱，阴以待逆。暴戾恣睢，其势自毙。顺以动，豫；豫，顺以动。

解语大意：敌人内部矛盾激化，并公开表现出来，秩序混乱，我方宜暗中等待敌人发生暴乱。敌人反目成仇，残忍凶暴，势必自取灭亡。根据豫卦的原理，做事顺时而动，事情就做得顺利。“顺以动，豫；豫，顺以动”：雷地豫卦的彖辞。《易经·豫·彖》：“豫，刚应而志行，顺以动，豫。豫，顺以动，故天地如之，而况建侯行师乎？”豫卦坤下震上。坤下为顺，震上为动。意思是说，阳刚与阴爻相应，即可纵横天地之间，更何况建立公侯之业、行师打仗这些事呢？

【本计按语】乖气浮张，逼则受击，退则远之，则乱自起。昔袁尚、袁熙奔辽东，尚有数千骑。初，辽东太守公孙康恃远不服，及曹操破乌丸，或说曹遂征之，尚兄弟可擒也。操曰：“吾方使康斩送尚、熙首来，不烦兵矣。”九月，操引兵自柳城还，康即斩尚、熙，传其首。诸将问

其故，操曰："彼素畏尚等，吾急之，则并力；缓之，则相图，其势然也。"（《三国志·魏志·武帝传》）**或曰：此兵书火攻之道也。按兵书《火攻篇》，前段言火攻之法，后段言慎动之理，与隔岸观火之意，亦相吻合。**

按语大意：当敌人内部矛盾公开表现出来以后，我如果以兵相加，敌人就可能停止内乱而齐心还击。如果我退而远之，敌人就会发生内乱。三国时，袁绍的儿子袁尚、袁熙被曹操战败后，便率数千骑逃往辽东。当初，辽东太守公孙康自恃处于遥远之地，不肯服从曹操。等到曹操击破乌丸（亦称"乌桓"，古族名）以后，有人劝曹操乘胜远征公孙康，并可就势生擒袁氏兄弟。曹操回答说："我正要让公孙康杀掉袁尚、袁熙，并把他们的首级送来，不必劳师烦众远征了。"九月，曹操引兵自柳城（今辽宁朝阳县南）班师，公孙康果然杀了袁氏兄弟，并把首级传至曹军。诸将很是吃惊，便向曹操请教其中奥妙，曹操回答说："公孙康素来畏惧袁氏兄弟吞并他，我如果以兵相逼，他们便会合力抗拒；我如果不以武力相威胁，他们必然自相图谋，其形势必然如此。"有人认为：这是兵书中火攻原理的运用。按《孙子兵法·火攻篇》，前段论火攻的原则，后段谈审慎用兵的理论，这同隔岸观火的道理也是相吻合的。

隔岸观火的意思，不是袖手旁观、无动于衷、作壁上观，而是要注意力高度集中，选择行动的最佳时机，是雄鹰俯冲前的盘桓，是猎豹出击前的敛息。从这个意义上说，此"观"亦是行动的一部分。因为凡行动，必有行动的路线或方略，而这路线或方略的制定则需要一个研究和分析过程，这便是"观"。只不过这"观"不是对敌我双方一般态势的研究和分析，而是非常情境中，对敌方"起火"状况和己方杀入时机的研究和分析而已。可见，"观"是行动的前奏，行动是“观”的必然结果。真可谓“观”字当头，行已在其中了。

观火须有火。火，有因敌人内部矛盾演进激化的自起之火，有因外部助推即煽阴风、点鬼火之火，有内部、外部缠绕激荡不分彼此的混合之火。不管是什么火，都是敌方内部出了状况于我有利之火。于是敌对的双方无不欲对方内部烈火熊熊，烧个人财两空、尸骨遍地从而一蹶不振、任人宰割而后快，无不以不惜血本培植间谍制造混乱、酿成可观之火为要务。所以兵圣孙武在他的兵法大典《孙子兵法》中，痛斥那些爱惜爵禄百金、不知用间、不会用间的愚蠢行为是“不仁之至”，不知用间、不会用间的将帅没有资格辅佐国君，不知用间、不会用间的国君不是胜利之主，只能是亡国之君。他把用间提到了决定战争胜负的战略高度。所以他说：“三军之亲，莫亲于间，赏莫厚于间，事莫密于间。”他说：“非圣智不能用间，非仁义不能使间，非微妙不能得间之实。”

起火不易，观火亦难。因为有明火，有暗火，还有似火非火之火，把握行动的时机并不容易。特别是对似火非火之火，观不得法，反被火烧。秦末，秦将章邯在定陶大败楚将项梁后，便以为楚地不足为忧，于是渡河北进，侵略赵地，大破赵军，并围困赵王、赵相等王室政要于巨鹿，形势危急。楚怀王急派宋义为上将军，项羽为次将军，范增为末将军率兵救赵。楚军行至安阳，居留四十六天不战不进，项羽向宋义建议引兵渡河，与赵军内外夹击，必破秦军。宋义却说：“我要打的是牛身上的虻而不是虱子、虮子。如今秦兵攻赵，若战而胜之，则将士疲惫，我正可乘敌之敝而出击；若战而不胜，则我可引兵鼓行西进，扫灭秦地。所以不如先让秦、赵相斗。若论披坚执锐，冲锋陷阵，我宋义不如您；若论运筹帷幄，您却不如我宋义。”

时逢大雨，气温骤降，士卒又冷又饿，而宋义却在军中饮酒作乐，不闻不问。项羽气愤地说：“大家誓言勠力攻秦，如今却久留不进。今年适逢楚地灾荒，百姓贫困，军粮不给，士卒常以野菜充饥。而将军仍然耽于宴饮，不引兵渡河，在赵地筹措粮饷，与赵军合力攻秦，还奢谈什么乘敌之敝。试想，以强大的秦军进攻新近复国的赵军，一举歼灭赵军，已成定势。赵军被歼，秦军将更加强大，还有什么敝可乘！况且楚军刚打了败仗，楚王如坐针毡，尽扫境内之兵委托给将军，国家安危，在此一举。将军却徇私忘国，非社稷之臣。”

项羽于是果敢行事，借早上入帐议事之机割了宋义的头，并晓谕军中，宣告奉楚王“密令”行事，然后报告楚王。楚王便顺水推舟，命项羽为上将军统兵救赵。项羽破釜沉舟，焚烧营寨，每人携带三日干粮，以必死的决心引兵渡河，与秦兵九战，楚军杀声震天，无不以一当十，秦兵大败。从此，楚军勇冠诸侯，项羽威震天下，诸侯军纷纷归奔项羽。

宋义观火的结果是人头落地。因为此火非敌人内部之火，而是烧到了己方头上之火。秦赵相斗，秦强赵弱。秦为楚敌，赵为楚友。所以赵死则秦强，赵生则楚强，其理甚明。而宋义还要让秦、赵相斗，听任赵军灭亡，自己坐收渔利，就大错特错了。

曹操灭袁氏兄弟的情况则不同。公孙氏与袁氏势同水火，又皆为曹氏之敌，所以公孙氏与袁氏相斗，燃起大火，于曹氏有百利而无一害，颇为可“观”。袁氏兄弟逃往辽东，抢了公孙氏的地盘，这本身已播下了内斗的火种，暗火势必演化为明火，聪明的曹氏乐得等着隔岸观火，坐收袁氏人头了。

第十计　笑歌声里轻雷动

——笑里藏刀

【本计解语】信而安之，阴以图之；备而后动，勿使有变。刚中柔外也。

解语大意：表面上示敌以诚信以稳住敌人，暗地里则谋划如何吃掉敌人；做好充分准备而后付诸行动，不让敌人有应变的机会。内中刚强而外表柔顺，这是坎卦的原理。在《易经》中，刚即阳爻“—”，柔即阴爻“--”，两个阴爻中间有一个阳爻就是坎卦，即刚中柔外之象。

【本计按语】兵书云“辞卑而益备者，进也……无约而请和者，谋也”。故凡敌人之巧言令色，皆杀机之外露也。宋曹玮知渭州，号令明肃，西夏人惮之。一日，玮方对客弈棋，会有叛卒数千，亡奔夏境。堠骑报至，诸将相顾失色，公言笑如平时。徐谓骑曰：“吾命也，汝勿显言。”西夏人闻之，以为袭己，尽杀之。此临机应变之用也。若勾践之事夫差，则竟使其久而安之矣。

按语大意：兵书上说“敌人派来的使者言辞谦逊，而军队却在加紧备战，这是意图进攻的表现……敌人无故前来求和，是另有图谋的表现”。所以，凡是敌人笑脸奉迎、辞令动听，就是内藏杀机的表现。宋朝，曹玮做渭州的知州时，号令严明整肃，西夏人很畏惧他。有一天，曹玮正同客人下棋，正好有数千名士卒叛变，逃往西夏。当侦察骑兵将这一消息报告曹玮时，诸将大惊，相顾失色，而曹玮却谈笑风生，一如往日，他安闲地告诉骑兵说：“这是奉我的命令行事，你们别声张出去。”西夏人听说这个消息后，果真认为叛卒要偷袭自己，于是就把叛卒全部杀掉了。这是临机应变谋略的运用。再如春秋时，越王勾践忍辱臣事吴王夫差，消除了夫差对自己的怀疑，吴王耽于安乐，最终吴国被越王勾践所灭。

笑里藏刀为善良正直的人们所不齿。唐高宗宠臣李义府相貌温良恭厚，与人谈话总是面带和善的微笑，然而只要别人对他稍有触忤，就会被他陷害。故时人有言：义府笑中有刀。不过在这里笑里藏刀是一个军事术语，而不是日常人伦交往的术语。军事上的笑里藏刀是指以友好的政治外交手段来掩盖其重大的军事行动。如解语所说，“信而安之，阴以图之”，“刚中柔外”。《孙子兵法》说，“辞卑而益备者，进也”，“无约而请和者，谋也”，讲的就是这个道理。

三国时期，关羽镇守荆州。荆州战略位置十分重要，历来为兵家必争之地。东吴对之垂涎已久，只是畏于关羽的威名，不敢轻举妄动而已。关羽为了巩固荆州，无时不在觊觎曹魏的樊城（在今湖北襄樊市），只是担忧东吴抄其后路，不敢轻易出兵。但决心已定，难以放弃。219 年，关羽经过一番策划，留一部分兵力镇守公安、南郡（今湖北荆州市荆州区），防御东吴，自己率主力北进樊城。这时东吴派往镇守陆口（今湖北嘉鱼西南陆水入长江处，为防御蜀汉的军事重镇）的是名不见经传的青年将领陆逊，他深藏不露，韬光养晦，对关羽毕恭毕敬，百般恭维，极尽和平友好、讲信修睦之能事，暗里却厉兵秣马，虎视眈眈。关羽自然也从不把陆逊放在眼里，认为江东无虑。等到关羽率大军北上，荆州空虚之时，孙权派吕蒙为先锋，昼夜兼程，直取荆州。关羽闻信，急忙回师，但为时已晚，荆州失陷。关羽败走麦城（在今湖北当阳市东南）。所谓大意失荆州，其实是傲慢的关羽中了东吴笑里藏刀的小把戏。

关羽是三国名将，久履战阵，谙熟兵法，辞卑益备的道理想必还是懂得的，怎能轻易上当？其实，樊城战役开始前后，关羽对东吴的防范非常严密，兵力充足，烽火密布。关羽在樊城水淹曹魏七军，捉于禁，斩庞德，天下震动。曹操为解樊城之危，一边增兵樊城，一边联吴抗蜀。孙权认为夺取荆州的时机已经成熟，便派东吴名将吕蒙进驻陆口，伺机而动。吕蒙到了前线，发现关羽防御严密，无机可乘，一脸的沮丧，便称起病来，闭门不出。前线久无消息，孙权心急，便派陆逊前往陆口探听虚实。陆逊见了吕蒙，问清形势，忽然灵机一动，心生一计。他干脆将吕蒙接回建业（今江苏南京）“养病”，自己代吕蒙镇守陆口，以麻痹关羽。接着他就玩起了卑辞重礼的游戏，让关羽着实飘飘然起来，放松了对东吴的防范，最终失去了荆州。

要知道，此时的关羽是水淹曹操七军的关羽，是捉于禁、斩庞德的关羽，是名震天下的关羽；而此时的陆逊，是关羽从未听说过的小人物，而且是对关羽“敬慕”得要死的小人物，关羽怎么会把小小的陆逊放在眼里？唯其如此，他才会中了陆逊笑里藏刀的把戏；唯其如此，陆逊才有机可乘。

所谓笑里藏刀之“笑”，并不是任何人都能笑得出来、蒙得住人的；笑里藏刀之“刀”，也不是轻易可以藏得住的。谋略的建构与实施都是针对特定的人和特定的环境的。从这个意义上说，谋略的使用都是一次性的，它拒绝照抄照搬。

第十一计　两情相识似有意

——李代桃僵

【本计解语】势必有损，损阴以益阳。

解语大意：如果形势所逼，必须做出一定的牺牲，那么，就应当机立断，主动放弃细微的、局部的利益，来换取全局的胜利。

【本计按语】我敌之情，各有长短。战争之事，难得全胜。而胜负之决，即在长短之相较；而长短之相较，乃有以短胜长之秘诀。如以下驷敌上驷，以上驷敌中驷，以中驷敌下驷之类，则诚兵家独具之诡谋，非常理之可测也。

按语大意：敌我双方的军事情势各有长短，所以战争中在各方面都战胜对方就很困难。决定胜负的关键在于双方长处和短处的相互比较；在比较双方长处和短处的过程中，就有以短处战胜长处、以劣势战胜优势的巧妙方法。比如战国时期田忌赛马的故事。孙膑向田忌建议用自己的下等马与对方的上等马比赛，用自己的上等马与对方的中等马比赛，用自己的中等马与对方的下等马比赛，结果两胜一负，赢得了全局的胜利。这类方略，实在是兵家所独具的诡秘的计谋，用一般的道理是难以推测的。

本计源出乐府诗，其中《鸡鸣》云：“桃生露井上，李树生桃旁。虫来啮桃根，李树代桃僵。树木身相代，兄弟还相忘？”本意是指同胞兄弟，手足之情，理应患难与共，相亲相帮。运用为军事谋略，则是指在敌我双方势均力敌或在敌优我劣的形势下，要善于以局部的损失或牺牲换取整体的收获或胜利。田忌赛马的故事就是这一谋略的最好注脚。

战国时期，孙膑与庞涓共同学习兵法，后来庞涓得到魏惠王的信任被任命为将军，志得意满。庞涓深知，论韬略，自己远在孙膑之下，于是就把孙膑骗到魏国，挖了他的膝盖骨，在他的脸上刺了字，欲使他永远在政治、军事舞台上消失。然而，天无绝人之路。孙膑成功说服了齐国的使者把自己秘密带到了齐国，并成为齐国名将田忌的座上宾。田忌喜欢与齐国诸公子赛马，孙膑经过仔细观察发现，马分为上、中、下三品，于是就对田忌说，您可与诸公子下大赌注赛马，我保证让您取胜。田忌深信不疑，于是便邀诸公子以千金为赌注赛马。临赛之际，孙膑对田忌说：您可用自己的下品马与对方的上品马比赛，用自己的上品马与对方的中品马比赛，用自己的中品马与对方的下品马比赛。三局赛毕，田忌一负两胜，赢得了千金。田忌因此被孙膑的韬略所折服，将他举荐给齐威王做了军师，后来孙膑协助田忌驰骋沙场，为中国军事史留下了“围魏救赵”等一系列脍炙人口的辉煌战例。

以局部的损失或牺牲换取整体的收获或胜利，在中国军事史上成功的战例可谓俯拾即是。毛泽东就是运用这一计谋的高手，诸如不以一城一地的得失为目的，而以歼灭敌人的有生力量为目的；大步前进、大步后退，等等，都充分体现了李代桃僵谋略的精髓。

运用这一谋略，必须胸怀大局，不在局部问题上患得患失，不在蝇头小利上纠缠不休，勇于牺牲，敢于牺牲，才能赢得全局的胜利。李代桃僵，看似简单，用之不易。首先，不能让敌方洞察李代桃僵的意图。如孙膑指挥田忌赛马是在双方比赛已箭在弦上时排兵布阵的，又是在敌方不明白我方马之优劣的情况下调兵遣将的。如果敌方已明白我方意图，则李代桃僵之谋便失去了运用的条件。其次，不是无论大小轻重，什么李都可拿来去代桃僵的。代僵之李必须对敌人有足够的吸引力，必须让人感觉又大又香（如大城市与交通线就是又大又香之李），诱得敌人馋涎欲滴，趋之若鹜，桃才能充分展现自己的力量。运用之妙，在乎方寸之间。战场形势瞬息万变，李代桃僵不是普遍适用的公式，而是惨烈的军事斗争中瞬间迸出的智慧火花。

第十二计　何须枉费推移力

——顺手牵羊

【本计解语】微隙在所必乘，微利在所必得。少阴，少阳。

解语大意：敌人微小的漏洞和疏忽，也要加以利用，微小的利益也要力争获得。利用敌人微小的疏忽，赢得我方小的胜利。这是丰卦和井卦原理的运用。少阴、少阳，用《易经》的理论说，这是四象中的二象。少阴的符号⚎，添上阳爻即为离卦，添上阴爻即为震卦，合起来就是雷火丰卦。少阳的符号⚍，添上阳爻即为巽卦，添上阴爻即为坎卦，合起来就是水风井卦。这里就是用丰卦和井卦的道理来解释的。

【本计按语】大军动处，其隙甚多，乘间取利，不必以战。胜固可用，败亦可用。

按语大意：敌方大部队行动时，疏忽和漏洞一定会很多，如果善于利用敌人的疏忽和漏洞，就可能不必通过战斗就获得一定的利益。这个方法，胜利者固然可以运用，失败者也同样可以运用。

以吹灰之力、举手之劳获得肥美之羊当然是军事家所追求的目标。但要造成顺手牵羊之势殊为不易。顺手牵羊作为军事谋略之一，其成功与否取决于有无牵羊的可乘之机。春秋时期，晋国对虢国垂涎已久，只是中间隔着虞国，若大军过境，恐虞国不允，因而颇费思量。晋国大臣荀息请晋献公用屈地所产的骏马和垂棘所产的美玉送给虞国国君，以换取假道伐虢的便利。晋献公却舍不得，说："这都是我们的宝物啊！"荀息说："如果虞国借给我们伐虢的道路，那虞国就成了我们存放宝物的府库了。"晋献公立刻明白了这其中的奥妙，但仍然顾虑重重，说："宫之奇（虞国大臣）还活着呢。"荀息说："宫之奇虽富于韬略，但其为人懦弱，不敢直言强谏；况且他年长于虞君，君臣关系多亲昵，少威严，即使强谏，虞君也不会听从的。"于是晋献公就派荀息携宝物出使虞国，虞君果然答应了晋国的请求。晋国军队假道虞国灭了虢国，班师途中，趁虞国不备，顺手牵羊，灭了虞国。这就是著名的"假道伐虢"的历史故事，也是唇齿相依、唇亡齿寒典故的来源。

无独有偶，秦穆公派军偷袭郑国，途中正撞上郑国商人弦高赶着牛群出门经商。这弦高可不是只顾挣钱不问国事的主儿，他看这秦军浩浩荡荡，正朝着自己的国家袭杀过来，而郑国却毫无戒备，亡国灭种的威胁迫在眉睫，便急中生智，谎称自己是奉郑君之命前来犒劳秦军的，而且弦高承应殷勤，不卑不亢。秦军统帅傻了眼：秦军行踪高度机密，郑国居然洞察秋毫，所谓出其不意、攻其无备意图的实现已成水中之月，因而被迫放弃了偷袭郑国的计划。但大军既已出动，总得有所作为，于是便乘滑国不备，顺势灭掉了滑国。

这两则战例的共同特点就是：牵羊已成顺手之势。想那假道伐虢的设计者荀息，能想出把别人的国家当自己的府库的主意，必定是个极富智慧的谋略高手，他携国宝出使虞国，自然会极尽睦邻友好、海誓山盟之能事。晋国是一个曾经称霸诸侯的大国，携国宝前往主动修好，那仅居弹丸之地的虞君还不受宠若惊、飘飘然昏了头？再者，人非草木，孰能无情？虞国假道于晋，无论出于什么动机，诚心奉献也好，被迫顺从也罢，毕竟有情于晋，不图滴水之恩涌泉相报，总不至于以怨报德吧？这是世之常理，人之常情。虞君恐怕连做梦也想不到晋国会以迅雷不及掩耳之势灭掉自己。然而，政治就是如此残酷，军事就是如此无情。所谓“春秋无义战”，不能用常情常理去考量。退一步说，虞国即便有备也不是晋国的对手，何况无备呢？所以，这羊也就顺手可牵了。

秦国大军压境，郑国从覆灭的命运中挣脱出来纯属偶然；而滑国率先成为秦军的盘中餐则是偶然中的必然。说偶然，是因为秦军本来杀气腾腾朝郑国而去，压根儿没有滑国的事，偏偏那弦高赶牛出城，与秦军撞了个满怀，又是牛又是酒的搞得秦军一头雾水，秦军心里没底，放弃了攻打郑国的念头，转而奔滑国而来，这还不是偶然？说偶然中有必然，是因为春秋以来，诸侯争霸，你攻我伐，接连不断，已成天下大势，所以，任何一个诸侯国都可能成为进攻的对象，小小的滑国更不能例外。在这样的大环境中，滑国毫无戒备，本不应该；更何况那强大的秦军已经把兵锋指向了自己的邻邦，难道你滑君一点也不懂得唇齿相依、唇亡齿寒的道理，还有心暗自庆幸、作壁上观吗？

话得说回来。也许是当时的人们对连年征伐、刀光剑影已司空见惯、麻木不仁，毕竟秦国打的是郑国而不是滑国，滑国毫无准备或准备不足，也在情理之中。正是这情理之中为秦国孕育出了顺手牵羊之机。战场形势瞬息万变，机会随时会出现，灾难随时会降临。谋略的运用，不管情理之外，也不论情理之中；或在情理之中找机会，或在情理之外做文章，它唯一的目标就是成功。

第三套

攻战计

张子房悲歌散楚（据明天启苏州白玉堂刻本《东西汉传》）

第十三计　一声霹雳龙蛇活

——打草惊蛇

【本计解语】疑以叩实，察而后动。复者，阴之媒也。

解语大意：如果对某一情况有怀疑，就应当调查落实，洞察了全部情况后，才能决定下一步的行动。不厌其烦、反复调查核实军情，是获取敌方秘密军情的媒介。这是复卦原理的运用。复，指地雷复卦；阴，指坤卦。《易经》中有十二个卦代表十二个月，称为消息卦。阳极而阴，阴极而阳；阳为阴之媒，阴为阳之媒。这里是借用《易经》复卦的原理来阐释如何获得军事情报的。

【本计按语】敌力不露，阴谋深沉，未可轻进，应遍探其锋。兵书云：“军旁有险阻、潢井、葭苇、山林、翳荟者，必谨复索之，此伏奸之所处也。”（《孙子兵法·行军篇》）

按语大意：敌人的兵力如果不暴露，则必然隐藏着深机密谋，此时，绝不可贸然进攻，应广泛搜索和侦察敌方主力之所在。兵书上说：“行军路上遇有险要地势、坑地水洼、芦苇密林和草木茂盛之处，必须谨慎地反复搜索，这些都可能是敌人隐兵设伏的地方。”

蛇是很善于伪装的动物，它往往潜伏于草丛中，与环境浑然一色，肉眼不易发现，所以打草是发现蛇的好方法。打草而蛇惊，蛇惊而随之动，动而现形，其数量、大小、速度等便可一目了然。战争中隐蔽与伪装是诱敌与惑敌的基本功，所谓“兵以诈立”，所谓“不动如山，难知如阴”，所谓“善守者，藏于九地之下，善攻者，动于九天之上”，讲的都是隐蔽与伪装。战场险恶，可谓时时有危险，处处有陷阱。因而，摸清敌情，知己知彼，就成为胜败的关键。“打草”，既是打探敌情方法的形象的比喻，又是形式上的概括。《孙子兵法》说：“策之而知得失之计，候之而知动静之理，形之而知死生之地，角之而知有余不足之处。”这些都是“打草”的具体方法。所以“打草”，并不仅仅限于打草。

打草为惊蛇，惊蛇为打蛇，这是两个不可分割的环节。本计按语中讲了敌情未露，地形复杂，不可贸然轻进，并引用《孙子兵法》的《行军篇》予以证明。其实，这只是本计内涵的一个方面。本计既然作为“攻战计”中的一计，“打蛇”，当然是题中应有之义了。战争画面绚烂多姿，战争手段浑然一体。打、探结合，探中有打，打中有探；惊蛇亦打蛇，打蛇亦惊蛇，惊中有打，打中有惊，难分彼此。不信，请看战例。

三国时期，曹操率数十万大军在汉中与刘备的蜀军相持于汉水两岸。蜀弱曹强，形势危殆。军师诸葛亮却镇定自若，从容应对。他命赵云领兵五百埋伏于汉水上游的山丘之下，并吩咐以大营中炮响为令，擂鼓呐喊相助，但不得出战。一天，曹军前来挑战，蜀军高挂免战牌，任凭曹军叫喊，蜀军毫无动静，曹军无奈，只得回营。入夜，曹军大营灯火熄灭，将士安歇。这时，只听蜀军大营一声炮响，接着，赵云带领的五百将士按诸葛亮之命鼓角齐鸣，喊声震天。曹军以为有蜀军劫营，急忙迎敌，可出营一看，连蜀军的影子也没有，只得回营歇息。不到半个时辰，曹军蒙眬睡去，炮声又响，又是鼓角齐鸣，喊声震天，如此这般，闹得曹军彻夜不安。一连三天，曹操惊魂不定，叫苦连天。身边将领安慰曹操说，这是诸葛亮的疑兵之计，没有什么了不起。曹操久履战阵，岂能不知这是疑兵之计？然而，兵家之事，真中有假，假中有真，万一敌人果真前来劫营，岂不是正中了诸葛亮的疑兵之计？于是曹操传令退兵三十里扎营，以避蜀军惊扰。诸葛亮乘势挥军渡过汉水，不顾兵家大忌，背水扎营，与曹军对峙。诸葛亮这一险举，更使曹操丈二和尚摸不着头脑。为了探明虚实，曹操向蜀军下了战书。两军刚一交手，蜀军便向后退去，并将辎重器械弃置路旁。曹操看到诸葛亮的“诱敌”之举，急令收兵后撤。这时蜀军却趁曹军后撤之机，回马转身，杀将过来，曹军损失惨重。

诸葛亮先以惊扰之术兵不血刃地逼曹军后撤，这本身已经达到了打草惊蛇的目的。因为敌强我弱，逼曹操退兵是蜀军首要的作战目标；接着他又以“兵家大忌”与“弃杖而逃”之势展示给曹操，诱使多疑的曹操收兵后退，为蜀军反击创造了有利的战场态势。这里，打中有扰，扰中有打，打、扰结合，浑然天成。

第十四计 偷来梨蕊三分白，借得梅花一缕魂

—— 借尸还魂

【本计解语】有用者，不可借；不能用者，求借。借不能用者而用之，匪我求童蒙，童蒙求我。

解语大意：世上许多看上去有用的东西，往往不容易为自己所控制、所利用；而那些看似无用的东西，往往能借助它发挥一定的作用。所以，要借那些看似无用的东西来为自己服务。不是我求助于愚昧之人，而是愚昧之人求助于我。这是蒙卦的原理。

"匪我求童蒙，童蒙求我"是《易经》蒙卦的卦辞。蒙卦的卦象是上艮下坎，艮象山，坎象水，山下有水为险，是昏蒙的象征。艮又为止，遇险为止，象征着蒙昧幼稚。蒙卦之义就是要启发教育蒙昧。另一方面，童蒙与我有相互对立的含义，即教育蒙童与利用蒙童。这就是用蒙卦的卦辞来阐释借尸还魂道理的原因。

【本计按语】换代之际，纷立亡国之后者，固借尸还魂之意也。凡一切寄兵权于人，而代其攻守者，皆此用也。

按语大意：改朝换代之际，拥兵自重的军阀纷纷拥立亡国君主

的后代，这运用的正是“借尸还魂”的计谋。凡是把兵权寄名于他人之下，而实际却掌握着攻守之权的人，运用的都是这一计谋。

人固无起死回生之术，尸体已僵，岂有还魂之理？显然，这是具有神话色彩的比喻。意谓将看似毫无利用价值的东西恢复生机，重新加以利用。既是借，就有还，还则意味着死，这是悲剧。不过，此计中的“尸”，既可被人借，也可自借；既可任人摆布，也可自我摆布。这其中颇有奥妙。

秦末，陈胜、吴广在大泽乡揭竿而起，举起了推翻秦王朝的大旗，一时间，豪杰并起，反秦之火迅速成为燎原之势。项梁、项羽叔侄亦率江东八千子弟起兵响应，这支队伍平定江东后，便渡江北上，转战于江淮及苏北鲁南一带，队伍很快发展到六七万人。这时却传来了陈胜已战败并被其车夫杀害的消息，秦末起义顿时失去了统帅和大旗。项梁召集部将商议对策。这时，一位年逾七十名叫范增的人求见项梁并献计说：陈胜的失败是必然的。您想，秦国吞并六国，楚国最是冤枉。楚怀王为了楚、秦友好出使秦国，却被秦国扣留，最终客死秦国，楚国百姓至今仍然充满着哀思。所以楚国南方有一位老先生说“楚虽三户，亡秦必楚”。如今陈胜首倡义事，不立楚王室的后代而自立为王，有违楚国民意，当然长久不了。如今您起兵江东，江东大地的豪杰之所以纷纷归附在您的麾下，正是因为您项氏家族世世代代为楚国将相，坚信您一定能够立楚王之后为王。项梁认为范增说得有理，便着人暗访王室后裔，很快在民间寻访到一个放牛娃，名心，此人正是楚怀王的孙子，于是就拥立这个放牛娃为楚王，仍称楚怀王，都盱眙，项梁自号武信君。到此为止，这支反秦义军已是名正言顺、为恢复楚国而战的威武之师、正义之师了。

项氏叔侄复立楚王之后，这且按下不表。却说正名之后，项梁战死，项羽脱颖而出。他率领这支部队一路高歌猛进，仅用三年时间便率领各路诸侯灭掉了残暴的秦王朝。这时的项羽已是天下的主宰，他自号西楚霸王，尊楚怀王为义帝，并分封诸侯，使各自就国，似乎天下大定。然而，请注意，主持分封天下的并不是义帝，而是项羽。如果说义帝是一具被还了魂的尸体的话，这时已没有什么魂魄可言了。这还不算，项羽觉得借的这具尸体似乎已经没有什么可利用的价值了，便迁义帝前往长沙，途中，又着人击杀义帝于江中。此举一出，人心顿失。接着便是四年的楚汉战争，最终，项羽垓下自刎，刘邦建立汉朝。项羽灭掉了秦朝，而刘邦灭掉了项羽。

这样的结果，司马迁不能接受，但又不得不接受。他很是不平，特意破格将项羽列入本纪（只有皇帝才入本纪）。在他看来，天下本应是项羽的，刘、项七十余战，刘邦只胜了垓下之战，而项羽只输了垓下之战。然而，刘邦数败而不亡，项羽一败而失天下。他不服。但司马迁毕竟是一位伟大的史学家和文学家，他满怀激情而又淡定、理智。看他是怎样分析项羽失败的原因的：

“吾闻之周生曰‘舜目盖重瞳子’，又闻项羽亦重瞳子。羽岂其苗裔邪？何兴之暴也！夫秦失其政，陈涉首难，豪杰蜂起，相与并争，不可胜数。然羽非有尺寸，乘势起陇亩之中，三年遂将五诸侯灭秦，分裂天下，而封王侯，政由羽出，号为霸王。位虽不终，近古以来未尝有也。及羽背关怀楚，放逐义帝而自立，怨王侯叛已，难矣！自矜功伐，奋其私智而不师古，谓霸王之业，欲以力征经营天下，五年卒亡其国，身死东城，尚不觉寤而不自责，过矣。乃引‘天亡我，非用兵之罪也’，岂不谬哉！”

司马迁惊叹项羽的奇迹：一个二十来岁的小青年，没有尺寸封地的一介平民，在秦末那个豪杰蜂起的乱世，仅用三年时间，便率领五诸侯灭掉了不可一世的秦王朝，并由他分封诸侯，号令天下。这惊天动地的事业是近古以来不曾发生过的。司马迁惊疑项羽的重瞳子，怀疑他是舜的后代，要不然，“何兴之暴也！”接着，司马迁怜恨交加，历数项羽失败的五大教训，其中“放逐义帝而自立”就是重要的一项。如此的作为，还想让王侯不背叛自己，是一件多么困难的事情啊！司马迁的看法非常鲜明：推翻秦朝，义帝本人虽然看似没有什么功劳，但他却是楚项部队赖以号召人众的旗帜，是楚军的灵魂（尽管不是项羽的灵魂），这灵魂是不能随意剥夺的。

可见，“借尸还魂”作为三十六计中的一计，并不是可有可无的儿戏，更不是轻谈快意的神话，它深深植根于中国传统文化的土壤之中，其在政治斗争和军事斗争中的运用，往往具有战略意义。“借尸还魂”战术的运用，在战争史上更是不可胜数。《三国演义》第一百零四回“陨大星汉丞相归天，见木像魏都督丧胆”，讲的正是“死诸葛能走活仲达”的故事，这是运用“借尸还魂”的典范。这谚语流传了上千年，已是妇孺皆知。

你看，“借尸还魂”的概括，多么生动逼真，既好玩又好记。这是三十六计的一个特点，也是它能在民间广为流传的重要原因之一。

第十五计　向晚一身当道食，山中麋鹿尽无声

—— 调虎离山

【本计解语】待天以困之，用人以诱之，往蹇来返。

解语大意：等到天时对敌方不利时再去围困他们，用人为的假象去诱骗调动敌人，使敌丧失优势，处于或往或来都困难重重的境地。这是蹇卦原理的运用。“往蹇来返”是蹇卦九三爻的爻辞。蹇卦的卦象为坎上艮下，坎象水，艮象山。山高水深，险象环生。所以象辞说：“蹇，难也，险在前也，见险而能止，知矣哉！”

【本计按语】兵书曰“下政攻城”。若攻坚，则自取败亡矣。敌既得地利，则不可争其地。且敌有主而势大：有主，则非利不来趋；势大，则非天人合用，不能胜。汉末，羌率众数千，遮虞诩于陈仓崤谷。诩即停军不进，而宣言上书请兵，须到乃发。羌闻之，乃分抄旁县。诩因其兵散，日夜进道，兼行百余里，令军士各作两灶，日倍增之，羌不敢逼，遂大破之。兵到乃发者，利诱之也；日夜兼进者，用天时以困之也；倍增其灶者，惑之以人事也（《后汉书·虞诩传》）。

按语大意：兵书上说："攻城为下策。"如果置城池坚固于不顾而硬攻，那是自己寻找失败。如果敌人已经占据有利的地形条件，就不应再去同他们争夺。因为这时敌人已经占据了有利地形，做好了充分的准备，势力强大；敌人有了相应的准备，如果不诱之以利，他们就不可能随我调动；敌人的势力强大，我如果不充分利用天时、人和等条件，就不能战胜敌人。东汉末年，虞诩奉命征讨羌人，行至陈仓崤谷，遭到数千羌人的阻御。虞诩即刻驻军扎营，并声言要上书朝廷，请求援兵，援兵到后，再拟发兵进讨。羌人闻讯，便分兵邻县抄掠财物。虞诩因羌兵已经分散，就命部队即刻进发，日夜兼程，急驰一百余里。并命令士兵宿营时每人各做两个炊灶，逐日加倍。羌人果真以为汉援兵已到，不敢进攻。虞诩乘势发动进攻，大破羌兵。虞诩声言待援兵到后再发兵，就是以利诱使羌人分兵抄掠，从而分散了兵力；夜以继日急行军，则是争取时间和空间上的主动，陷羌人于被动的境地；增加炊灶之举，则是以人事迷惑羌人，使他们认为汉援兵真的到了。

老虎是生活在山林中的动物，把它调离山林，它便失去了生存的基本依托。个人或集团也有自己赖以安身立命的环境，失去了这样的环境，也便失去了生存的优势。管子曾说过，虎豹，是兽中之王，异常威猛，当它们生活在山林广泽之中时，人们就会畏惧它们。君主，是天下最有势力的人，当他们居住在巍峨庄严的宫中时，人们就会对他们产生深深的敬畏之情。虎豹如果离开山林广泽走近人类，人类就会捕捉到它们，使它们失去原有的威风。做君王的如果离开了王宫而混迹于民间，人们就会以轻蔑傲慢的态度对待他。所以说虎豹只有在深山幽谷中才能显示出自己的威风来。管子之论，已透出调虎离山的意义所在。

军事上，对垒的双方，各有依托，各有优势，依托即优势。试想，深沟高垒，婴城固守，同仇敌忾，抑或吊桥高悬，闭门不战，对方若想置自己于死地，可谓难于上青天。所以孙子说“上兵伐谋，其次伐交，其次伐兵，其下攻城”。“攻城之法为不得已”；即便不得已，也必须至少五倍于敌方的兵力才可实施。所以硬碰硬的攻击是聪明的将帅所不为的。能否调动敌人，使其失去依托或优势，就成为考量将帅聪明才智的重要砝码。

234 年，诸葛亮率领三十多万大军分五路北上讨伐曹魏，在祁山安营扎寨,司马懿奉魏明帝之命率四十万大军在渭水之滨迎战。诸葛亮与司马懿是沙场宿敌。诸葛亮足智多谋，司马懿多疑谨慎。二人都是谋略高手。诸葛亮劳师远袭，粮草不给，不宜持久。司马懿以逸待劳，丰衣足食，不宜速战。整体战场态势对诸葛亮不利。魏明帝曹叡也不是等闲之辈，出征前，他向司马懿面授机宜：“卿到渭滨，宜坚壁固守，勿与交战。蜀兵不得志，必诈退诱敌，卿慎勿追。待彼粮尽，必将自走，然后乘虚攻之，则取胜不难，亦免军马疲劳之苦。”

魏军果真坚壁不出，以不变应万变，谁能有什么办法？诸葛亮有办法。他首先分兵屯田，以屯养战，摆出一副赖着不走、持久作战的架势与魏军对峙。这一招果然有效，司马懿的儿子司马师最先沉不住气，他问自己的父亲，蜀军不慌不忙，屯田养兵，这样下去，如何了得？倒不如痛快淋漓，大战一场，一决雌雄。司马懿虽然嘴上说，我奉旨坚守，不可轻举妄动，但心里也很着急，坚壁不出的决心已开始动摇。诸葛亮进一步使出他的调虎离山之计，用自己发明的木牛流马源源不断地把粮草运抵祁山大营。这两招一出，司马懿果然乱了方寸：我之所以坚壁不战，正是因为蜀军粮草运输困难，不能持久。如今这孔明又是木牛流马，又是分兵屯田，作长久之计，丝毫没有退兵的打算，可如何是好？

到此为止，战场形势逼迫司马懿作出新的抉择：我持久则不能使敌持久，不能使敌持久的唯一办法就是破坏敌人的运粮和屯田。然而事与愿违，司马懿的抉择却为诸葛亮带来了转机：你要破坏我的屯田和运粮，就必须放弃坚壁不出的方针；出兵，则我有机可乘；有机可乘，就有可能达到速战速决的战略意图。

司马懿终于忍耐不住，出动了。诸葛亮进一步运用诱敌深入的方针，制造大营空虚的假象，还有驱动木牛流马的军士更是往来不断，一派繁忙，一步一步将狡猾的司马懿诱入布满干柴的蜀军伏击圈，多亏一场突如其来的倾盆大雨，司马氏父子才逃脱了葬身火海的厄运。

诸葛亮以屯待战，反客为主，司马懿调“虎”不成反被“虎”调，这主客易位、阴错阳差的置换发生在狡猾的司马懿身上，真是让人想象不到。

第十六计　能攻心则反侧自消

——欲擒故纵

【本计解语】逼则反兵，走则减势。紧随勿迫。累其气力，消其斗志，散而后擒，兵不血刃。需，有孚，光。

解语大意：敌人被逼得走投无路时，就有可能拼死反扑；相反，放他们一条生路，则可以削弱他们的气势。追击敌人时，要紧随不放而不出击逼迫他们，用这种办法拖垮敌人的气力，消解敌人的斗志，待敌人军心涣散以后再擒俘他们，这样，兵不血刃就可取得胜利。善于等待有利的时机，并且有足够的耐心和诚信，才能取得辉煌的胜利。这是需卦的原理。“需，有孚，光”是水天需卦的卦辞。需卦的卦象为乾下坎上。乾象刚健，坎象水险。乾虽刚健，但前有水险，必须耐心等待。需，就是等待。孚，信用；有孚，即有信用。光，即光明。全句大意为：遭遇险境，就要耐心等待时机；有诚信，才能争取光明的前途。

【本计按语】所谓纵者，非放之也，随之，而稍松之耳。“穷寇勿追”，亦即此意。盖不追者，非不随也，不追之而已。武侯之七纵七擒，即纵而蹑之，故展转推进，

至于不毛之地。武侯之七纵，其意在拓地，在借孟获以服诸蛮，非兵法也。若论战，则擒者不可复纵。

按语大意：这里讲的“纵”，不是对敌人放纵不理，而是追随其后，只是稍稍松懈，令敌人有喘息的机会而已。孙子所讲的“穷寇勿追”，即对处于绝境的敌人，不要过分逼迫，这也是纵的意思。所谓不追，并不是不跟随，而是说不要过分逼迫敌人。三国时，诸葛亮七擒七纵的计谋，就是释放了孟获后而追随他，如此辗转推进，部队跟进到人迹罕至的地方。诸葛亮之所以七次释放孟获，其意图在于开拓疆土，在于借征服孟获而令其他蛮族臣服蜀汉，这不是用兵打仗的普遍法则。如果单就战役、战斗而论，不能把已擒俘的敌人随便放掉。

说起“欲擒故纵”，人们自然会想到诸葛亮七擒孟获的故事，这一童叟皆知的故事可能是“欲擒故纵”计名的直接来源，但其思想源头至少可以追溯到先秦诸子。《老子》第三十六章：“将欲歙之，必固张之；将欲弱之，必固强之；将欲废之，必固兴之；将欲取之，必固与之。是为微明。”开合之间，强弱之间，兴废之间，取与之间，没有不可逾越的鸿沟，物极必反，盛极而衰，欲废先兴，欲取先与，这其中已透出“欲擒故纵”的道理。《鬼谷子》说得更明确：“去之者纵之，纵之者乘之。”要想除掉它，就先放纵它，放纵的目的在于驾驭它。

武侯七纵之意，马谡说得非常明确：南中叛逆仗地势险阻，不服蜀汉已经很久了，往往今日击破，明日又叛。如今丞相致力于北伐，南中叛逆得知蜀中空虚，定有不轨之举。若把他们斩尽杀绝，既不合仁义之道，又非我能力所及。用兵之道，攻城为下，攻心为上。愿丞相设法征服他们的心。

然而，本计按语评武侯七纵之举说：“武侯之七纵，其意在拓地，在借孟获以服诸蛮，非兵法也。若论战，则擒者不可复纵。”七擒七纵，“其意在拓地，在借孟获以服诸蛮”，一语中的。接着断言擒而复纵“非兵法也”，则颇失水准。作者大概认为，拓地服蛮纯属政治范围，与兵战无关。其实，战争是政治的转换形式，历代都没有脱离政治目的的纯粹战争，特别是在诸侯争霸、豪杰蜂起，均以统一天下为己任的动乱年代，政治与军事更是水乳交融，不可分离。《孙子兵法》开宗明义：“兵者，国之大事也。死生之地，存亡之道，不可不察也。”孙子把战争看作关系军民死生、国家存亡的大事，并未就战争而论战争，怎么能说拓地服蛮、七擒七纵不合兵法呢？孙子又说：“百战百胜，非善之善者也；不战而屈人之兵，善之善者也。”一代兵圣不主张用兵，并将他的思想纳入其兵法大典中，又当如何理解呢？战争都是为一定的政治、经济、文化目的服务的，所以战争又往往辅以政治的、经济的、文化的以及心理的手段，并与战争本身融为一体。

残酷的战争中时常闪耀着正统儒家的仁义之光，血淋淋的搏杀中往往充满着脉脉的温情。

春秋时期，晋国派荀吴率军讨伐鲜虞，兵围鼓城（今河北晋县），鼓城危在旦夕。此时，城内有人愿做内应，叛城降晋，荀吴却一口回绝。左右部将困惑不解：“免去将士攻城之苦，何乐而不为呢？”荀吴回答说：“假如有人叛卖了我们的城池，我们一定憎恨他。如今有人要叛变把他们的城池给我们，我们反而表示欢迎，这实际上是在奖赏我们所憎恨的行为。我们不能为了得到城池，就舍大义于不顾而采取奸邪的办法，否则失去的将会比得到的更多。”荀吴不但不接受内应，还把内应送交鼓城正法。围城三个月后城内又有人请求投降，荀吴接见了城内的部分百姓，说：“我看城内还有粮可食，你们还是继续守下去吧。”荀吴此举更激怒了左右将士：“能马上得到的城池您不要，屯兵城下，旷日持久，劳民伤财，如何向国君交代？”荀吴回答说：“这好交代。得到一个地方而鼓励当地百姓的怠惰之情，那还要这样的地方干什么用？轻松得到的城池是难以长久拥有它的，不作殊死奋战就把城池交给对手也是很不吉祥的。鼓城人竭力守城对得起他们的国君，我未获城而先得民心也对得起我们的国君。我们现在坚守信义，得城之后人民就知道什么是信义，就会尽忠听命，不怀二心。这样做难道不对吗？”后来，鼓城确已弹尽粮绝，荀吴才占领鼓城。进城之后，秋毫无犯，只把国君带回了晋国。

孙子说：“兵者，诡道也。”又说：“兵以诈立。”为政以德，为兵以诈，似为贤者共识。然而，荀吴用兵，特立独行，似乎置兵家基本准则于不顾：已成重兵围城之势，不但不利用敌之惶惧心理主动用间，求不战而克之功，反而将归降者交还对方斩首，助敌守城之志；继而，鼓城又有人请降，荀吴又以城内尚有粮可食为由加以拒绝，好像荀吴本人是鼓城守将似的。难怪部下惊惑不已。

其实，两军交战，各为其主。以鼓城之战而言，鼓城人守城，义当与城共存亡；不战而降，有辱君命，义之所弃。晋人攻城，上受君命，力战不怯，亦是义之所在。但在晋军实力占绝对优势、胜券在握的情况下，荀吴毅然送还敌之降卒，长鼓人守城之志、昭扬信义之本，不是很耐人寻味吗？

荀吴之举合兵法吗？当然合。孙子不是还说过“兵无成式，无恒形，能因敌变化取胜者谓之神”吗？细想便知，荀吴之举，有义也有利，有德也有诈，是富于智慧的将帅在胜券在握的形势下玩的政治把戏，与孔明七纵之举有异曲同工之妙。区别在于：前者是围而不攻，轻松地玩；后者是真刀真枪，紧张地玩。前者可玩可不玩，后者则必须那样玩。

第十七计 新栽杨柳三千里，引得春风度玉关

—— 抛砖引玉

【本计解语】类以诱之，击蒙也。

解语大意：用同类的事物去诱惑敌人，然后打击这些受我诱惑的愚蒙之人。这是蒙卦原理的运用。“击蒙”，即打击蒙昧。语出蒙卦上九爻辞。原文为：“击蒙，不利为寇，利御寇。”蒙卦的卦象为坎下艮上。其上九爻，为阳爻处于蒙卦之终，王弼认为，上九爻以阳刚之象居于前五爻之上，所以能开导、启迪蒙昧者。盗寇之人，自然属于蒙昧之徒，如果占卦时占得本爻，则对盗寇之人不利，而对防御盗寇者有利。蒙卦的含义是蒙昧幼稚，上九爻辞明明白白提出打击蒙昧，占得此卦，表明敌人的主要弱点即是愚昧幼稚，而我方的取胜之道就是要打击因受我方诱惑而陷入蒙昧状态的敌人。

【本计按语】诱敌之法甚多，最妙之法，不在疑似之间，而在类同，以固其惑。以旌旗金鼓诱敌者，疑似也；以老弱粮草诱敌者，则类同也。如楚伐绞，军其南门。莫敖屈瑕曰：“绞小而轻，轻则寡谋，请无捍采樵者以诱之。”从之，绞人获利。明日，绞人争出，驱楚役徒于山中。楚人

坐守其北门，而伏诸山下，大败之，为城下之盟而还。又如孙膑减灶而诱杀庞涓。

按语大意：战争中，迷惑敌人的方法多种多样，最妙的方法在于用来迷惑敌人的事物不能似是而非，而应当属类相同，以解除敌人的疑心。用旌旗招展、鼓声震天来诱惑敌人的，是“疑似法”；用老弱残兵或遗弃粮草来诱惑敌人的，是“类同法”。如春秋时期，楚国伐绞国，两军在绞国都城的南门对峙。莫敖屈瑕向楚武王建议说：“绞国小，人又轻浮，轻浮必然缺少谋略。我们可以不必派兵保护上山打柴的人，以引诱绞国人上钩。”楚王依计而行，绞国军队果然因此抢到了许多柴草。绞人获利后，第二天，绞国将士纷纷出城，追赶向山中跑的楚人，以抢夺柴草。这时，楚军一部分于城北门列阵，另一部分于山下设伏，大败绞军。绞军山中大败，回城无路，只好签订盟约，臣服楚国。楚军凯旋。又如，孙膑用减灶之法诱使魏将庞涓孤军轻进，于马陵道伏杀庞涓，也是成功的诱敌方法。

“抛砖引玉”，其实就是孙子“利而诱之”战术的形象比喻。抛砖而得玉，失小利而得大利，以尽可能小的代价换取尽可能大的收获，这是军事家所追求的目标。

孙子所谓“屈人之兵而非战”“拔人之城而非攻”“毁人之国而非久”之理想境界的实现，毫无疑问必须以雄厚的国力和军力为基础。但是，具有雄厚的国力和军力并不意味着就能达到非战而屈人之兵、非攻而拔人之城、非久而毁人之国的目标。或许反而是穷兵黩武，连年征战，血雨腥风，人民死伤，国力衰竭，任人宰割。因为物极必反，盛极而衰，是事物发展的一般规律；以少胜多、以弱胜强的战例在绚烂恢宏的军史画卷中更是屡见不鲜。所以战争不仅是实力的较量，还是智慧的较量。从战略战术的意义上讲，主要还是智慧的较量。孙子较计、索情，分析决定战争胜败的七个因素，第一项是“主孰有道”，第二项便是“将孰有能”。国君有道，政治修明，人民甘冒矢石，死生与共，是决定战争胜负的基本因素；将帅的能力则是决定战争胜负的关键因素。“将能”的内涵十分丰富，而高超的指挥艺术显然是“将能”的重要内容。试想，屈人之兵、拔人之城、毁人之国，是在非战、非攻、非久的前提下实现的，凭什么？显然是能充分体现其智慧能量的“伐谋”和“伐交”。伐谋和伐交的过程其实就是充分利用智慧能量进行利益交换的过程。

利而诱之说的是诱敌的方法，而没有指出所要实现的目标；而抛砖引玉既指出了诱敌的方法，又指出了所要实现的目标。孙膑减灶诱庞涓，李牧牛羊诱匈奴，楚军柴草诱绞人，都是抛砖诱敌、赚得美玉的典型战例。他们毕竟都是实实在在地将砖抛出的，但也有凭借三寸不烂之舌，以镜中花、水中月这类虚幻之砖换来美玉的。如子贡存鲁、乱齐、破吴、强晋、霸越的穿梭外交（参见第三计“借刀杀人”），张仪破坏齐楚联盟的外交活动，都是空手套白狼、嘴皮子赚美玉的经典之作。

再看张仪的作为。张仪是秦国的宰相，秦国欲讨伐楚国，而齐、楚纵亲，抵御强秦，秦国伐楚之谋受阻。于是张仪便来到了楚国，楚怀王深知张仪的分量，便以隆重的礼节欢迎他，并向他请教立国之道。张仪说，大王如果能听我的话，与齐国绝交，我就能够请秦王把商于之地六百里献给楚国，并让秦王室女子侍奉大王，秦、楚两国娶妇嫁女，永结兄弟之好。这样就能一举两得：北弱齐国、西益秦国。楚王高兴，答应了张仪。

陈轸识破了张仪的诡计，向楚王进谏说：“以臣看来，这样做的结果将是商于之地不可得反而使齐、秦联合，齐、秦联合，楚国的大难也就降临了。大王想想看，秦国之所以重视楚国，正是因为有齐国做楚国的后盾。如果与齐国绝交，楚国便处于孤立无援的境地。秦国是何等的贪婪之国，怎么可能把商于之地六百里拱手让给楚国？张仪回到秦国，必定背信负约，这样的结果就是北绝交于齐，西生患于秦，使楚国处于齐、秦两国夹击之中。为大王考虑，妥善的办法倒不如与齐国阳离阴合，派使者随张仪到秦国去，如果秦国真的送我土地，再与齐国绝交不迟。”

楚王不听，与齐国断绝联盟关系，并将楚国相印授予张仪，赏赐无数，派一位将军随张仪到秦国去。张仪回到秦国，假装失足坠车，闭门养病，三个月没登朝堂，并借机与齐国通好，待缔结了秦、齐联盟，张仪便会见楚国的将军说：“我有奉邑六里，愿奉送给楚王。”六百里转眼之间变成了六里，楚王大怒，发兵十万讨伐秦国，被秦、齐联军大败于丹阳，损兵折将八万余人。

六百里土地的口头许诺就骗住了楚王，为什么？因为张仪是秦国的宰相，深得秦王的信任，他有能力做到。需要说明的是，《史记》本传说“张仪相楚”，后又讲到楚王授予张仪相印，很多人据此认为张仪做了楚国的宰相，这种理解不对。张仪如果真做了楚国的宰相，陈轸凭什么说张仪回到秦国必定背信负约？既然能背信负约，就必定在秦国有职有权；既然说张仪回到秦国假装失足坠车，三个月不上朝理政，以躲避楚国使者，也说明他在秦国有职有权。所以“张仪相楚”，不是说张仪做了楚国的宰相，而是说他借出使楚国的机会侦察楚国的动静。“相”字作察看解。楚王授予张仪相印，只是一种荣誉，如同现在授予某某荣誉市民、荣誉博士称号之类。

楚王高规格接待张仪，临了，又是授予相印，又是赏赐金银车马，还不是想拉拢张仪为楚国做点事情？可是楚王忘了，秦国虎视眈眈，大有囊括四海、并吞八荒之志，其基本策略便是远交近攻。若要远交齐国，就必须使楚国与齐国断交；若要使楚国与齐国断交，就必须诱之以利，达到抛砖引玉的效果。

第十八计　射人先射马，擒贼先擒王

——擒贼擒王

【本计解语】摧其坚，夺其魁，以解其体。龙战于野，其道穷也。

解语大意：摧毁敌人的主力，擒获敌人的首领，就能够瓦解敌人的整体作战能力。如此，即便强龙在广阔的原野上争斗，也将陷于困境，无计可施。这是坤卦原理的运用。

"龙战于野，其道穷也"是《易经》中坤卦上六爻的象辞。坤，全部是阴爻，到上六爻已达到阴的极点。阴极而生阳，所以坤卦上六爻的爻辞是："龙战于野，其血玄黄。"龙，本来是纯阳之乾卦的象征，为什么作为纯阴之象的坤卦，其上六爻把本属纯阳之象的乾卦象征物龙作为自己的象征呢？《易经》的要害是阴阳二极，阴中有阳，阳中有阴；阴极而阳，阳极而阴。上六爻是纯阴的极点，必然向阳转化，所以此时便急不可耐，以乾阳之龙自称了。坤卦象征敌军如蝗如蚁，遍布郊野。而上六爻阴极而阳，凶强暴悍，为敌军的首脑，所以取胜之道，不是去杀如蝗如蚁之兵，而是擒贼擒王。

【本计按语】攻胜，则利不胜取。取小遗大，卒之利，

将之累，帅之害，功之亏也。全胜而不摧坚擒王，是纵虎归山也。擒王之法，不可图辨旌旗，而当察其阵中之首动。昔张巡与尹子奇战，直冲敌营，至子奇麾下，营中大乱，斩贼将五十余人，杀士卒五千余人。巡欲射子奇而不识，剡蒿为矢。中者喜，谓巡矢尽，走白子奇，乃得其状。使霁云射之，中其左目，几获之，子奇乃收军退还（《新唐书·张巡传》）。

按语大意：真正的胜利，其利益是取之不尽的。如果满足于小的、局部的胜利，从而丧失了获取大的、全局胜利的战机，这样即便减少了士兵的伤亡，也可能成为将军的累赘、统帅的祸害，使全局的胜利毁于一旦。全局胜利已定而不彻底摧毁敌人的主力，不擒获敌人的首领，这无异于放虎归山。擒获敌人首领的方法，不可仅仅从旗帜上加以辨别，而应当仔细观察敌人阵营中指挥、调动阵营之处何在。唐朝张巡同尹子奇作战，挥师直冲到尹子奇的帅旗之下，尹子奇营中大乱，张巡将士斩尹子奇部将五十余人，杀士卒五千余人。张巡想射杀尹子奇，却不识尹子奇面容。于是，便命将士削秸秆做箭用。中箭的人反而十分高兴，认为张巡的箭已经用完，跑着去向尹子奇报告，张巡因此知道尹子奇的相貌，立即命霁云射箭，射中尹子奇的左眼，险些生擒尹子奇。尹子奇被迫收军而退。

本计按语中讲到张巡已打进尹子奇帅帐，却不识主帅尹子奇。张巡便略施小计，以所谓“矢尽”为诱饵，引得敌人一片欢喜，纷纷向主帅报告，主帅立马现了原形，被张巡击中，仓皇而逃。张巡的临机发挥巧妙自然，滴水不漏。张巡给敌人一个意外的“惊喜”，惊喜中的敌人是不可能瞒住这“惊喜”，不向自己的主帅报告的。

计虽小，智商高。这高超智慧的迸发，难道不出乎我们的意料吗？恐怕连张巡自己也想象不到吧？

智慧是“一”，一生二，二生三，三生万物，它可以衍生出无限计谋来。当主帅处于险境、即将暴露时，智慧有没有办法挽救主帅于危难之中？南北朝时，西魏大将宇文泰在一次与东魏作战时坐骑被流矢击中，他翻身落马。麾下将士见主帅落马，不明缘由，惶恐至极，纷纷逃命，只剩下李穆一人。此时，东魏的追兵已到，李穆急忙用鞭杆敲着宇文泰的头骂道：“你这个无用的东西！你的主帅逃到哪里去了？单把你扔在这里！”追兵听了，信以为真，便放过了他们，催马追“主帅”去了。

擒王有法，保王有道；王可擒，亦可保。擒贼先擒王，打蛇打七寸。这是原则。但原则性并不排斥灵活性。擒贼擒王，以上说的可都是真王。难道还有擒假王的道理不成？

晋安帝元兴二年（403），大将桓玄称帝反晋。元兴三年，桓玄部将何澹之与讨玄将领何无忌、刘道规在桑落洲（今江西九江市东北长江中）遭遇。何澹之日常所乘之船羽仪林立、旗帜繁盛。何无忌见状，便对部将说：“贼帅何澹之肯定不在这条船上，这只是诈兵之计而已。”并下令立刻攻击此船。众将不解：“贼帅既然不在此船，攻破它又有什么意义呢？”何无忌说：“敌众我寡，即便勠力奋战，亦无全胜的把握。何澹之既然不在这条船上，此船的战斗力也就较弱，而我以劲兵攻弱敌，此船必破；此船既破，则沮敌斗志，长我士气；我军士气既长，则敌虽众犹寡，我虽寡犹众；以众击寡，必胜无疑。”诸将连连称善。继而派精兵将此船攻破，并高呼道：“何澹之已被抓获了！”何澹之军中大惊，无心恋战。何无忌军中亦信以为真，军威大振，乘胜而进，愈战愈勇，何澹之溃不成军。

你看，假王当作真王擒，也能收到擒贼擒王的效果。

第四套

混战计

光武求贤会故人（据明天启苏州白玉堂刻本《东西汉传》）

第十九计　抽薪止沸，剪草除根

——釜底抽薪

【本计解语】不敌其力，而消其势，兑下乾上之象。

解语大意：如果实力不足以同敌人相抗衡，就要设法削弱敌人的气势。根据履卦卦象，下卦为兑、为泽，主柔；上卦为乾、为天，主刚。下冲上，即柔可克刚。这是从履卦卦象上推导出来的道理。

“兑下乾上”，即天泽履卦。兑为泽，阴柔之象；乾为天，阳刚之象。整个卦象展现出来的是阴胜阳、柔克刚的道理。履卦的卦辞说：“履虎尾，不咥人，亨。”意思是说，小心翼翼地走在老虎的后边，老虎也不会咬人，亨通。此计借用履卦意在说明，如果遭遇强敌，不可硬拼，而应运用阴柔之气去战胜阳刚之气。

【本计按语】水沸者，力也，火之力也，阳中之阳也，锐不可当。薪者，火之魄也，即力之势也，阳中之阴也，近而无害。故力不可当而势犹可消。《尉缭子》曰：“气实则斗，气夺则走。”而夺气之法，则在攻心。昔吴汉为大司马，有寇夜攻汉营，军中惊扰，汉坚卧不动。军中闻汉不动，有顷乃定。乃选精兵夜击，大破之。此即不直当其力而扑

消其势也。宋薛长儒为汉、湖、滑三州通判，驻汉州。州兵数百叛，开营门，谋杀知州、兵马监押，烧营以为乱。有来告者，知州、监押皆不敢出。长儒挺身徒步，自坏垣入其营中，以福祸语乱卒曰："汝辈皆有父母妻子，何故作此？叛者立于左，胁从者立于右！"于是，不与谋者数百人皆趋立于右，独主谋者十三人突门而出，散于诸村野，寻捕获。时谓非长儒，则一城涂炭矣！此即攻心夺气之用也。或曰：敌与敌对，捣强敌之虚，以败其将成之功也。

按语大意：水之所以会沸腾，靠的是一种力量，这力量便是火的力量。烈火中的沸水，是阳中之阳，所以刚劲猛烈、锐不可当。而柴草，则是火的魂魄，是控制火力的主宰。柴草之于烈火和沸水，是阳中之阴，靠近它不会受到伤害。烈火和沸水，其凶猛的力量虽然不能直接阻挡，但可以通过适当的方法削弱它的气势。尉缭子曾经说过："士气高涨就投入战斗，士气低沉则避而不战。"而削弱、瓦解敌人士气的方法，主要在于从心理上进攻。东汉初年，吴汉做大司马时，一天夜里，军营遭到敌人的突然袭击，营中顿时一片惊慌和混乱，而吴汉却稳稳地躺在床上，泰然如常。军中听说吴汉稳如泰山，不为所动，便很快安定下来。随后，吴汉选精兵进行反击，大败夜袭的敌人。这就是不直接同敌人接战，而去削弱敌人气势的一个战例。宋朝，薛长儒做汉州、湖州、滑州三州通判时，驻军汉州（今四川广汉）。数百名州兵发起叛乱，他们打开营门，图谋杀知州和兵马监押，并焚烧营寨，制造混乱。有人急忙向知州和兵马监押报告叛乱之事，二人却都被兵变吓破了胆，不敢出门。这时，薛长儒挺身而出，徒步越过已被焚坏的垣墙，进入军营，向叛乱的士兵宣讲祸福利害的道理，说："你们都有父母妻子儿女，为什么做出这种不顾利害的事情？现在叛乱的主谋站在左边，胁从的人站在右边！”于是没有参与谋划叛乱的数百人站在了右边；只有主谋叛乱的十三人慌忙夺门而出，逃到乡间躲藏，不久全被捕获。当时，人们都认为，如果没有薛长儒，全城的人都要罹祸受害了。薛长儒运用的正是从心理上进攻对手,从而瓦解对手士气的方法。还有人认为，当敌人之间相互争斗时，我就应乘机直捣较强一方敌人的薄弱环节，使它即将取得的成功归于失败。这也是釜底抽薪之计。

“扬汤止沸，不如釜底抽薪。”这是一句广为流传的谚语。它讲的是薪与火、火与沸的关系：抽薪而火去，火去而沸止。扬汤止沸，事倍功半且充满危险；釜底抽薪，一劳永逸且稳妥安全。前者以刚克刚而刚不克，后者以柔克刚而刚自灭。汤因火而沸，火因薪而燃。故薪尽而火不传，火不传而汤不沸。所以抽薪之道为治本之道。

在军事上，薪，喻指军队的核心、灵魂、基础、依托，喻指物质的保证、力量的源泉，总之它是指特定环境中军队战斗力得以有效发挥而不可或缺的基础和保障。这基础和保障，可以是人，可以是物；可以是联盟和朋友，可以是信念和理想；可以是自然地理，可以是人文环境。总之,它可以是一切关乎军队生死存亡的东西。不过，这关乎军队生死存亡的东西是随着环境的不同而不断变化的。军事上的抽薪之道或治本之道，就是要消灭或破坏敌人战斗力所赖以发挥的基础和保障。

汉献帝建安四年（199），据有冀、青、幽、并四州广大地区的袁绍自恃兵精粮多，率十余万大军南下征讨曹操，在官渡（今河南中牟东北）与兵少粮缺的曹操相持。曹操外无援兵，内无粮草，军心不稳，寡不敌众；袁绍兵马精良，粮草充足，以十击一，胜券在握。对于曹操来说，以正兵相敌，绝无取胜的可能，那么，沮敌斗志、泄敌士气的方法何在？“上兵伐谋”，用智谋破坏敌人的计谋？敌人兵强马壮，战略方针已定，不败曹军誓不休，无从改变。“其次伐交”，破坏敌人的外交？袁绍集团是当时北方最具实力的军事集团，无人敢与之相抗衡。曹操外无援兵，内无粮草，即便赢得外援，对于如箭在弦的战场形势，也是远水解不了近渴。“其次伐兵”，消灭敌人的有生力量？面对强大的袁绍集团，曹操迫切要做的是如何保存自己的有生力量，而不是如何消灭敌人的有生力量。

伐谋不得，伐交不能，伐兵无力。曹操似乎陷入了绝境。然而，天无绝人之路。曹操在内外交困之中，接受了谋士荀攸的建议，乘袁军轻敌，内部不和之机，两次偷袭袁军后方，焚烧其粮车和粮仓。袁绍的军队军心动摇，纷纷溃散投降。曹操乘机全线出击，歼灭袁军主力，为统一北方奠定了基础。历史好像有意同曹操开玩笑，九年以后，曹操亲率二十万大军征讨孙吴，仅五万余人的孙、刘联军同样以火攻之术还以颜色，火烧曹操水师，曹操狼狈而退，成就了中国军事史上以弱胜强的典型战例。曹操统一天下的美梦破灭，三足鼎立的局面形成。成也火攻，败也火攻。前者以火攻人，后者被人火攻。曹操一人承担了中国军事史上两个典型战例的主角，很是难得。

曹操一把火烧了袁军的粮仓，是彻底的釜底抽薪之术。谚语说：“人是铁，饭是钢，一顿不吃心发慌”；“兵马未动，粮草先行”。没有了粮草，也就失去了讲武论兵的资格。有意思的是，曹操以火攻之术成就了“抽薪”之道，耐人寻味。

这是烧毁敌人粮草的战例，再看拆散敌人联盟的战例。

战国时期，秦国进攻韩国，形势危急。大夫公仲对韩王说：“盟国看来是靠不住了，如今秦国伐我的目的在解除后顾之忧而伐楚，秦意在楚而不在韩。不如通过张仪与秦议和，再送它一座名城，约它一同伐楚。这是投一得二之计。”韩王采纳了公仲的建议，并宣称将派公仲赴秦议和。

楚王听说秦、韩和解，十分惊恐，急忙召来陈轸问计。陈轸说：“秦国进攻楚国的意图已经很久了。现在又得到了韩国赠送的名城，秦、韩合兵南下，是秦国祈天祷地、梦寐以求的。大王可举国动员，选练兵马，宣称救韩，并让战车塞满道路，派使臣多带车马财货，务使韩王相信楚国一定会发兵救韩。即便不能如我所愿，韩王感念我的恩德，也不会发兵南下助秦。这样就造成秦、韩不和，秦兵即使南来，于楚亦无大碍。假如能如我所愿，秦、韩绝交，秦国一定大怒，与韩结下深怨。韩国得到了楚国发兵相救的承诺，必定轻视秦国，对它缺乏应有的恭敬。这是利用秦、韩之军而免除楚国灾难的办法。”楚王依计而行，韩王大喜，与秦绝交，秦王果然大怒，增兵攻韩。

楚王拆散了秦、韩联盟，固然使秦国伐楚的力量大打折扣，迟滞了秦军东进的步伐，但谎言维持不了联盟，人人自保而不保。没有六国稳固的联盟，是阻挡不了秦国东进的步伐的。

第二十计　桃花流水鳜鱼肥

—— 浑水摸鱼

【本计解语】乘其阴乱，利其弱而无主。随，以向晦入宴息。

解语大意：乘敌人内部发生混乱，充分利用敌人因内讧而实力受到削弱的有利条件，使他顺从于我，这就好比到晚上就应入室休息一样。

“随，以向晦入宴息”是随卦的象辞。随卦上卦为兑、为泽；下卦为震、为雷。雷入大泽之中，大泽随着雷的震动而震动，故称“随”。随，即顺从之意。随卦象辞的意思是说，人应该顺随自然，到晚上就要入室休息。本计借用随卦象辞，意在说明用兵打仗要善于抓住敌方的可乘之隙，随机行事，乱中取胜。

【本计按语】动荡之际，数力冲撞，弱者依违无主，敌蔽而不察，我随而取之。《六韬》曰：“三军数惊，士卒不齐，相恐以敌强，相语以不利；耳目相属，妖言不止，众口相惑，不畏法令，不重其将，此弱征也。”是鱼，混战之际，择此而取之。如刘备之得荆州、取西川，皆此计也。

按语大意：社会大动荡的时候，就会有多种社会力量和集团相互争锋，而总有一些相对弱小的力量观望不定，不知所归，当敌人尚未察觉这一情况、不能明断时，我就要随手把这些弱小的力量争取过来。兵书《六韬》上说：“三军多次发生惊慌，士兵散漫，用敌人的强大相恐吓，相互说一些不利于自己的泄气话，窃窃私语，谣言充斥，蛊惑众人，不畏惧法令，不尊重将帅，这些都是其力量衰弱的征兆。”对于这样的鱼，在混战的局面中，便是应该乘机夺取的目标。如刘备乘势得荆州、取西川，运用的都是这一计策。

水浑好摸鱼，是经验之谈。军事上的浑水摸鱼有两层意思：一是指趁敌人内部混乱之机消灭敌人或战胜敌人；二是指设法把水搅浑，把形势搞乱，以便自己从中渔利。

第一层，即孙子所说“乱而取之”，成功的战例俯拾即是。第二层，搞乱形势、搅浑水，以便从中渔利或在混乱的形势中保全自己，亦不乏成功的战例。

智伯向魏桓子索要土地，魏桓子不给。任章问为什么不给，魏桓子说无缘无故索要土地，所以不给。任章说：“无缘无故索要土地，就一定会引起邻国的怨恨；重欲无厌，就一定会引起天下的恐惧。您如果答应他索地的要求，他就会更加骄横；骄而轻敌，邻国就会因惧怕智伯而相互亲善，结成联盟。以相互亲善的各国联军去对付骄傲轻敌的智伯，智氏的寿命也就不能长久了。您为什么要放弃号召天下之兵来谋取智伯的机会，而独自拿我国作为智氏的谋取对象呢？”魏桓子说：“您讲得非常好。”于是就把一座拥有万户的城邑送给了智伯。智伯高兴坏了，就故技重演，进而向赵国索要土地。赵国不给，智伯就发兵包围了晋阳。韩、魏两国的军队增援赵国，内外夹击，灭掉了智伯。

智伯敢于向邻国索要土地，实施文明的“抢夺”，大概有雄厚的实力做后盾，谅别人也不敢不给，否则，他绝不敢如此狂妄。魏桓子无力抗争，有求必应，以纵欲之术骄智伯、惧诸侯，使诸侯团结一致，共同对敌，消灭了敌人，保存了自己。这也不失为一种独特的搅水之术、摸鱼之道。

楚襄王做太子时，在齐国做人质。楚怀王死后，太子请求回国送葬，齐王不答应，说："你把楚国东部与我接壤的五百里土地送给我，我就放你回去。"太子向傅慎子问计。慎子说："献给齐国土地是为了回国，如果爱惜土地而不回国为父亲送葬是不义之举，献地是对的。"太子答应了齐王的要求，齐王就让太子回到了楚国。太子即位后，齐国就派使者率五十辆战车到楚国来接收五百里土地。楚王问慎子该怎么办，慎子说召见群臣，让他们各自献策。

上柱国子良晋见楚王，楚王说："寡人之所以能够回国，是以土地作为交换条件的。现在齐国使者前来索要土地，怎么办？"子良回答说："不能不给人家。大王玉声既出，以五百里土地许诺了拥有万乘战车的齐国，现在却食言不给，这是不守信用的表现，以后便失掉了同诸侯结盟的信誉。请您采用先与而后攻的战略。给齐国土地是守信之举，再进攻夺取是战争之举。"

接着，昭常晋见楚王说："不能给齐国土地，楚国之所以号称万乘之国，是因为地域辽阔，如果割去五百里给齐国，等于失去一半的国土，徒有万乘之名而无千乘之用。不能给。请让我去守御国土。"

昭常退出去以后，景鲤入见楚王说："不能给齐国土地。但仅凭楚国的力量也守不住，请让我到秦国去求援。"

楚王把三位大夫的主张告诉了慎子，慎子建议三人的主张一起采纳，楚王不解。慎子说："大王可以派子良北上与齐使交涉献地事宜。打发子良出使后的第二天，就任命昭常为大司马，前往守御这五百里土地。昭常出征后的第二天，再派景鲤入秦求援。"楚王说："好。"

子良到了齐国，齐国就派人领兵去接收土地。昭常就对前来接管的齐国人说："我主管这方土地，誓与领土共存亡。现在从小孩到六十岁的老人全部入伍，共三十多万人。尽管铠甲破旧，武器鲁钝，甘愿奉陪到底。"齐王得到消息，便质问子良说："大夫前来献地，昭常前往守御，这是什么道理？"子良回答说："臣受命于敝国之君前来献地，一定是昭常矫诏抗命，大王可以发兵攻打他。"于是齐国便兴兵讨伐昭常。秦国派五十万大军来到齐国的右壤，传话给齐国人说："阻止楚太子回国是不仁，又欲夺人五百里土地是不义。卷甲退兵则罢，不然，愿与齐军决战一场。"齐王害怕了，就请子良向秦国求和。楚国未损一兵一卒就保住了自己的领土。

一承诺，二遣使，三派兵，四求援。慎子之举是典型的搞乱形势、搅浑水的做法。体面而虚伪的君子协议，外柔内刚的主权意识，灵活务实的多边外交，使国力日衰的楚国如鱼得水，左右逢源，既维护了作为大国之君的信誉，又捍卫了作为弱国之君的主权。

第二十一计　蜕形浊污中，羽翼便翾好

——金蝉脱壳

【本计解语】存其形，完其势；友不疑，敌不动。巽而止，蛊。

解语大意：保存营阵原有的形貌，并进一步完善原有的营阵，做出在原地作战的态势，使自己的友军不怀疑，敌人也不敢贸然进攻。这就是蛊卦的原理。“巽而止，蛊”是蛊卦的彖辞。蛊卦巽下艮上。艮为山、为阳、为刚，其性为止；巽为风、为阴、为柔，其性为顺。此卦卦象所展现的意思是高山仰止，风行于下，事当顺利。

【本计按语】共友击敌，坐观其势。倘另有一敌，则须去而存势。则金蝉脱壳者，非徒走也，盖为分身之法也。故大军转动，而旌旗金鼓，俨然原阵，使敌不敢动，友不生疑。待已摧他敌而返，而友敌始知，或犹且不知。然则金蝉脱壳者，在对敌之际，而抽精锐以袭别阵也。如诸葛亮病卒于军，司马懿追焉。姜维令仪反旗鸣鼓，若向懿者。懿退，于是仪结营而去（《三国志·蜀书·诸葛亮传》）。檀道济被围，乃命军士悉甲，身白服，乘舆徐出外围。魏惧

有伏，不敢逼，乃归（《南史·檀道济传》）。

按语大意：同友军联合对敌作战，须仔细观察战场的形势。倘若发现了新的敌人，就必须保存原来的阵势做伪装悄悄撤出战场。所谓金蝉脱壳，并不是简单的逃跑，而是一种分身的方法。所以，虽然大军主力已经转移，而阵营中依然旌旗招展，鼓声震天，完好保持着原来的阵势，使敌军不敢贸然进攻，友军亦无任何怀疑。等到主力摧毁了其他敌人而返回原来的阵营时，友军和敌军方如梦初醒，甚至始终没有发觉我主力的运动。金蝉脱壳就是指在同一方敌军对阵时，暗中抽调主力去袭击其他地区的敌人。例如，诸葛亮北伐时，病死军中，姜维被迫班师回蜀。魏将司马懿乘势挥军追击，姜维便命令杨仪把旌旗指向魏军，擂起战鼓，作反击之状，司马懿唯恐中计，只好退兵，杨仪因此得以安全撤退。南北朝时，檀道济被魏军围困，便命将士全部披甲戴盔，自己却身着白衣镇定自若地坐在车子上，缓缓走出敌人的包围圈。魏军唯恐中了埋伏，不敢逼近，檀道济安全撤退。

金蝉脱壳是蝉类昆虫在其生命演化进程中的有趣现象。蝉在蜕变过程中，本体脱躯壳而去，只将蝉衣挂在枝头，远远望去，真假难辨。运用于军事，本计喻指在寡不敌众或陷入困境时，通过伪装而实现主力部队安全转移或撤退的战略战术。

本计一般是在寡不敌众或陷入困境时而采用的谋略，具有较大的风险性，其成功的前提是逼真、可信、保密。如解语所说，做到“存其形，完其势；友不疑，敌不动”。金蝉脱壳的具体形式则因时而变，因地而变，因人而变，没有成式。诸葛亮六出祁山，病死五丈原，蜀军急于南撤，而司马懿威逼不舍。对蜀军来讲，没有了诸葛亮，就如同没有了主心骨，没有了灵魂；对于司马氏来讲，则可有恃无恐，乘人之危。很显然，诸葛亮就成为蜀军存形完势、制造蝉衣的最珍贵的资源。于是蜀军推出了栩栩如生的木偶诸葛亮，还一不做、二不休，反守为攻，向魏军发起冲击。这一举措使狡猾多疑的司马氏生了疑心，乱了方寸。疑则迟，迟则予对手宝贵的时间。待发觉上当，则为时已晚。正所谓“死诸葛能走活仲达”。在这个战例中，“蝉衣”就是栩栩如生的木偶诸葛亮。

南宋名将毕再遇率数千兵马与数万精锐的金兵遭遇，毕再遇深知出击必败，撤退困难。一天夜里，宋军大营战鼓隆隆，金兵以为宋军乘夜劫营，急忙披甲出战，却只闻战鼓声，不见南宋兵。金军将领很快醒悟：此乃宋军的疲兵之计，那好，我将计就计，你击你的鼓，我睡我的觉，看最后疲惫的是谁。鼓声持续了三天，宋营的鼓声越来越弱，金军将领便指挥部队小心翼翼地向宋营合围逼近，宋营却毫无动静，入营一看，早已人去营空了。原来，毕再遇命将士把几十只羊捆绑后腿倒挂在树上，每只羊的下面放一面鼓，羊被倒挂，煞是着急，前腿乱踢，于是战鼓隆隆，声震金营。在这个战例中，“蝉衣”便是喧闹的宋营、隆隆的战鼓。

存形完势，蝉衣惑敌，必以逼真可信为前提。“木偶”可信，是因为诸葛亮足智多谋、变幻无常，是因为司马懿生性多疑；“战鼓”可信，是因为鼓响必有人敲，羊脚踢鼓则在意料之外。

第二十二计 围师必阙的反面解读

——关门捉贼

【本计解语】小敌困之。剥，不利有攸往。

解语大意：对弱小或数量较少的敌人，要包围起来，予以歼灭。根据剥卦的道理，穷追远袭那些零散之敌，对自己不利。

“剥，不利有攸往”是剥卦的卦辞。剥卦的卦象是坤下艮上，上为山下为地，广阔的大地吞没着群山，故卦名称“剥”。剥，即剥落。卦辞的大意是说，当万物凋落之时，不利于前进。本计借用剥卦卦辞，意在说明，对数量较少的敌人，要包围起来，予以歼灭，穷追远袭对自己不利。

【本计按语】捉贼而必关门，非恐其逸也，恐其逸而为他人所得也。且逸者不可复追，恐其诱也。贼者，奇兵也，游兵也，所以劳我者也。《吴子》曰：“今使一死贼，伏于旷野，千人追之，莫不枭视狼顾，何者？恐其暴起而害己也。是以一人投命，足惧千夫。”追贼者，贼有脱逃之机，势必死斗；若断其去路，则成擒矣。故小敌必困之，不能，则放之可也。

按语大意：捉贼一定要关上门，并不是怕他逃跑，而是怕他逃跑以后为他人所利用。况且，对于跑掉的人，不应该再去追赶他，主要是担心他可能是敌人的诱饵。所谓贼，是指那些专事偷袭的散兵游勇，是那些骚扰我们，使我们不得安宁的人。《吴子》上说："假设有一名亡命之徒隐蔽在旷野里，纵使派一千人去追捕他，这一千人个个都会如同凶猛的飞禽寻捕猎物那样专注，如同狼行走时四顾张望、格外警惕。为什么会这样呢？因为他们害怕这亡命之徒突然跳起来伤害自己。因此，一个人如果置性命于不顾，就足以使一千个人害怕他。"追击那些亡命之徒，如果他们有逃脱的一线生机，就必然拼命相斗；如果我们切断了他们逃脱的去路，逃而无望，他们就会束手就擒。所以说，对于数量较少的敌人，应该包围起来，如果做不到这一点，宁可放了他们。

《孙子兵法·军争篇》在讲与敌人短兵相接的原则时说："高陵勿向，背丘勿逆，佯北勿从，锐卒勿攻，饵兵勿食，归师勿遏，围师必阙，穷寇勿迫，此用兵之法也。"八项原则中有五项讲的是追击敌人的原则，其中有三项讲的是"放"而不是"关"。因为急于回家之敌、被围困之敌、穷途末路之敌，均有必死玩命之心，不惹为好。

解语说本计的运用限于数量较少的敌人，这股被重兵围困的敌人明知反抗必死，因而斗志全无，束手就擒已成定势，捉住当然比放走好。如此简单的道理作为三十六计中的一计似乎有失分量。事实上，贪功冒进，利令智昏，复仇心切，嗜杀成性，必欲斩尽杀绝，使敌俯首称臣或从此一蹶不振而后快，如此等等，是血雨腥风的战场上司空见惯的现象。那时，人们已顾不得什么回家之敌、被围困之敌、穷途末路之敌了。因为在厮杀的情境中，理智往往成为情感的奴隶。不只是在杀红了眼的战场上，即便是旁观者或军事理论研究的专家，也往往对于那些聚而歼之的战例津津乐道，而忘记了充满着理智光辉的军事原则。

例如长平之战。秦昭王四十五年（前262），秦、赵在长平（今山西高平西北）决战。赵国名将廉颇固守长平达三年，秦军苦无破赵之策。秦昭王四十七年，赵王中秦国的反间计，撤换了廉颇，改用赵括为将。赵括上任后，立功心切，一改廉颇坚壁固守的战略，不顾双方力量悬殊，盲目率兵出击，秦将白起以一股兵力诈败后撤，诱敌追击，另以两支奇兵包抄赵军后路，逐渐形成对赵军的合围之势。赵国四十多万大军陷入重围之中，困守四十六天未能突围。赵括战死，四十多万赵军被俘或被坑杀。赵国的实力由此削弱。

魏人何晏对长平惨剧论议颇详。他说，白起坑杀赵国四十多万降卒难道可以仅仅用残暴来论说吗？放到战略高度来考察，无疑是重大失策。假使赵国将士预知降而必死，必定勠力而战，即便赤手空拳犹可畏惧，更何况四十多万披坚执锐之士呢？诸侯各国看到降秦的将军头颅成丘，归秦的士卒骸骨如山，则日后交兵必定根绝杂念，与秦军决一死战，谁还敢投降？所以白起所为，虽然消灭了赵国四十多万生命，却强化了诸侯各国团结抗秦的决心。欲得一朝之功，却强天下之守。从整个战争态势上说，白起在凯歌行进之中反而削弱了自己的优势，军事上的表面胜利反而阻塞了政治、外交的道路，从而延迟了秦统一天下的进程。何以见得？赵国虽然败于长平，但并没有亡国，假如重整再战，再出来一个像马服君赵奢这样的大将，究竟鹿死谁手，恐怕就非往昔可比了。长平之战后，列国秣马厉兵，加紧备战，迟滞了秦国兼并天下的进程。此后，秦国之所以不敢加兵于邯郸，不仅是因为赵国重新起用平原君做统帅，秦国畏惧平原君，更主要的是秦国担心各诸侯国联兵救赵，秦王非常忌讳这一点，只是没有说出来而已。这难道不是事实吗？

看来，关门还是开门，捉贼还是灭贼，大有学问可讲。开门放敌未必壮大敌人，聚而歼敌未必壮大自己。

第二十三计　秦王赖以统一天下的利器
——远交近攻

【本计解语】形禁势格，利以近取，害以远隔。上火下泽。

解语大意：当军事意图的达成受到地形条件的限制和阻碍时，先攻取就近的敌人于我有利，越过近敌而去进攻远方的敌人，则对我有害。“上火下泽”是睽卦的象辞。睽卦兑下离上。上离为火，下兑为泽。火动而上，泽动而下，两相违离、矛盾。睽，即违离、矛盾。本计借用睽卦上火下泽相互乖离的道理，意在说明远交近攻的做法，可以使敌人之间产生矛盾，而我则可利用矛盾，一口一口地吃掉敌人。

【本计按语】混乱之局，纵横捭阖之中，各自取利。远不可攻，而可以利相结；近者交之，反使变生肘腋。范睢之谋，为地理之定则，其理甚明。

按语大意：在天下大乱之世，不同的集团为了各自的利益，手段是无所不用的，或合纵，或连横，或开启，或深藏。远方的目标一时难以攻取，就可以暂时牺牲一定的利益同它结好；如果同邻近的国家结好，反而会使变乱在自己的肘腋内发生。战国时，谋士范雎向秦王提出的远交近攻的谋略，是从地理环境出发决定结交或者进攻基本原则的，其中的道理十分明显。

“远交近攻”是战国末期秦国用来统一天下的基本方针。

战国末期，秦国经过商鞅变法国富兵强，居山东六国之上。秦国便以统一六国、混一天下为己任，不断发动旨在统一六国的战争。这无疑是对山东六国的严峻挑战：面对强秦的兼并之心，如何实施抵御，延续国脉？山东六国的基本策略便是：六国纵亲，以御强秦。即山东六国结成联盟，相互帮助，以抵抗秦国的侵略，历史上称为“合纵”。六国合纵以谋士苏秦为主要倡导者和实施者。他以合纵之策游说成功，一人佩挂六国相印，往来奔走，协调六国的军事行动，致使秦国不敢加兵于六国达十五年。

针对六国的联盟，秦国则采取“连横”之策来破六国的“合纵”。“连横”就是利用六国之间的矛盾，发展与六国中部分国家的友好关系，同时发动对另一些国家的战争。“连横”的目标就是分化瓦解六国的联盟，具体做法就是远交近攻，各个击破；其特点就是稳住一片，攻其一点。远交近攻以苏秦的同学张仪为主要倡导者和实施者。张仪之后，又有范雎西入秦国，详陈远交近攻的方略，经过三代秦王的努力，终于统一了中国。

范雎，魏国人，他历尽磨难，西入秦国，向秦昭王进献吞并六国的方略。他说：“大王的国家，四面要塞坚固，北面有甘泉、谷口，南面环绕着泾水、渭水，右边是陇山、蜀道，左边是函谷关和殽阪山。雄师百万，战车千乘，有利就进攻，不利就退守，这是据以建立王业的好地方啊！百姓不敢因私事而争斗，却勇敢地为国家去作战，这是据以建立王业的好百姓啊！大王二者兼而有之。若以秦卒之勇、车骑之众，制伏诸侯，就好比驱使韩国的壮犬与瘸兔子搏斗一样容易。虽然霸王之业可成，但群臣不称职。至今秦国闭关固守十五年不敢出兵山东，其原因就在于秦相穰侯为大王谋划不忠，大王计策失当。”秦王忙问计失所在……范雎接着说：“穰侯越过韩、魏近邻而远攻齐国的纲、寿，此计不妥：少出兵则不足以伤齐，多出兵则有害于秦。我揣度大王的意图，是想自己少出师而借韩、魏之兵,但秦与韩、魏并不亲善,越过韩、魏而攻齐国,能行得通吗?恐怕疏漏太大了。齐滑王曾南攻楚国，破军杀将，辟地千里，结果齐国尺寸之地也未得到。难道齐国不想得到吗?是形势不允许。诸侯见齐军疲敝,君臣不和,便兴师伐齐,大破齐军。齐国士辱兵钝，举国上下,皆怨齐王。人问：‘是谁为王出此计策?’齐王回答说是田文。结果是大臣作乱，田文出走。齐国之所以破败如此，是因为它出兵讨伐楚国反而肥了韩、魏两国，这好比借贼兵而赍盗粮者。大王不如远交近攻，得寸则为王之寸，得尺则为王之尺。如今舍近及远，岂不是太荒谬了吗?过去的中山国地方五百里，赵国独吞为已有，结果功成名立，使赵国立于强国之林。再说今天，韩、魏两国居天下之中而为天下的枢纽。大王若欲称霸，必先与韩、魏亲善，控制天下的枢纽，以此来威慑楚、赵两国。若楚强则先制伏赵，赵强则先制伏楚。楚、赵都归附了秦国，齐国也就恐惧不安了。齐国惧怕秦国，必然说好话送厚礼来侍奉秦国。齐国既来归附，便可以因势而制伏韩、魏两国了。”秦王说：“我很早就想与魏国交好，但魏是多变之国，目的难以达到，请问怎样才能与魏建立友好关系呢?”范雎答道：“大王姑且说好话送厚礼同魏交涉；不成，不惜割地以求；再不成，只得举兵讨伐。”秦王非常高兴，拜范雎为客卿，筹谋兵事。由此奠定了秦国统一天下的基础。

范雎以旷世之才曾屈事魏中大夫须贾，见辱于魏相魏齐，被抛置厕中，任人践溺。多亏郑安平相救，秦使者王稽引荐，入仕秦国，进献远交近攻之方略，使秦国外交耳目一新，左右逢源，三代秦王持之以恒，终于统一了六国。范雎虽属贤者，但远交近攻的方略也并非他独家发明。春秋以来，诸侯相攻，大国争霸，智术之丰，已彪炳史册；近世的苏秦合纵（苏秦最初也倡连横，因时机不成熟，未被秦王采用），张仪连横，更为远交近攻之策张本，只是不得其时而已。范雎幸得天时，使远交近攻的方略得以充分运用，成就了秦国统一天下的罕世奇功。

第二十四计 说不尽的唇亡齿寒

—— 假道伐虢

【本计解语】两大之间，敌胁以从，我假以势。困，有言不信。

解语大意：地处敌我两个大国之间的小国，如果受到与我为敌的大国的威胁、被逼屈从时，我就应该果断出兵救援，借机扩展自己的势力。根据困卦的原理，受大国武力威胁、处于困境的小国，我若声言出兵救援，它能不相信吗？

"困，有言不信"是困卦的卦辞。困卦上兑下坎。兑为泽、为阴；坎为水、为阳。卦象表明，本该在大泽中的水，却离开大泽向下渗漏，这样，大泽就会慢慢因无水而受困。又，兑为阴卦，其爻却阴少阳多；坎为阳卦，其爻却阴多阳少，有受困之象，故卦名为"困"。困，即困乏。处在困乏的境地，难道还能不相信强者的话吗？

【本计按语】假地用兵之举，非巧言可诳。必其势不受一方之胁从，则将受双方之夹击。如此境况之际，敌必迫之以威，我则诳之以不害，利其幸存之心，速得全势。彼将不能自阵，故不战而灭之矣。如晋侯假道于虞以伐

虢。晋灭虢，虢公丑奔京师。师还，袭虞灭之（《左传·僖公五年》）。

按语大意：借别国的道路用兵打仗，这样的欺诈之举，不是靠花言巧语就能够成功的。除非这个国家处于这样的两难境地：不屈从于一方，便会受到双方的夹击。面对这种局势，敌国必然对这一小国以武力相威胁，我则相反，以绝不相侵害的好言欺骗它，利用它侥幸图存的心理，迅速把自己的势力伸展进去，它势必不能控制自己的阵地，所以，我不需要通过战争手段就能灭掉它。如春秋时期，晋侯向虞国借道去攻打虢国，晋灭掉了虢国，虢国公丑逃奔到周朝京都洛阳。等晋灭了虢国回师经过虞国时，又乘其不备，灭掉了虞国。

上一计是“远交近攻”，紧接着便是“假道伐虢”。这样编排有什么道理？其实，“假道伐虢”是“远交近攻”的反例：一个近交，一个远交；一个远攻，一个近攻。二者攻与交的目标有别，但殊途同归，最终都是一口一口全部吃掉。

远交是为了切断近攻之敌的后方依托，近攻则是为了减轻粮草辎重的转输之苦；远攻是因为早已欲攻而又可攻的时机已经成熟，近交则是因为它是远攻的前提和条件。“远交近攻”是大国争雄的产物，“假道伐虢”则是猫与老鼠的游戏。时代不同，态势迥异，攻交变换亦随之有别。所以任何谋略都不具有放之四海而皆准的普适性，因时而变，因势而变，是它不移的特性。

很多人对“假道伐虢”的故事（参见第十二计“顺手牵羊”）耳熟能详，同时也对虞君的短见和愚蠢扼腕叹息。其实，设身处地为虞君着想，他并没有更多更好的选择。春秋以降，礼崩乐坏，弱肉强食的丛林法则大行其道，小国和弱国时刻面临着亡国灭种的威胁。晋国是大国和强国，无时不以“尊王攘夷”、称霸诸侯为己任；虞国与虢国是小国和弱国，无时无刻不在为自己的国脉断绝而担忧。史书虽记载晋国“卑辞”重礼向虞君借道，但可以想象晋国“卑辞”中的傲慢和重礼中的霸道。且莫说重礼相送，即便无礼借道，虞君敢不借吗？武力相争，死路一条；唯有恩情笼络，或许能侥幸逃过一劫，不借何为？这样看来，我们只能承认晋国一石二鸟的高明，却很难断言虞君借道的短见和愚蠢。

第五套

并战计

光武中兴恢汉业（据明天启苏州白玉堂刻本《东西汉传》）

第二十五计　忽到窗前疑是君

——偷梁换柱

【本计解语】频更其阵，抽其劲旅，待其自败，而后乘之。曳其轮也。

解语大意：频繁更换盟军的阵势，暗中抽去它的精锐主力，等它自趋衰败，然后乘机控制或吞并它。如同既济卦爻象所揭示的道理，拖住了大车的轮子，也就控制住了大车的运行。

“曳其轮”是既济卦初九爻的爻辞。全文为：“初九，曳其轮，濡其尾，无咎。”大意是，初九爻象征着拖着车轮过河，以防止车轮运行失控；也象征着狐狸翘着尾巴过河，以防止尾巴沾湿，但尾巴还是湿了。但这不足以造成什么祸端。

【本计按语】阵有纵横，天衡为梁，地轴为柱，梁柱以精兵为之。故观其阵，则知其精兵之所在。共战他敌时，频更其阵，暗中抽换其精兵，或竟代其为梁柱。势成阵塌，遂兼其兵。并此敌以击他敌之首策也。

按语大意：军阵中有东西南北的方位，阵中有“天衡”，首尾相对，是阵的大梁；“地轴”在中央，是军阵的柱子。梁和柱的位置都部署有精兵防守。所以，通过察看军阵，就能发现其主力的部署位置。如果同盟军联合对敌作战，就可以用频繁更换盟军阵容的办法，暗中抽换它的精兵，或者派自己的部队去代替盟军做梁柱。阵势布成以后，盟军原来的阵地便随之坍塌，我便可乘势兼并盟军。这是兼并这一敌军再去攻击其他敌军的最重要的策略。

大敌当前，形势危急，无不对友邦援军望眼欲穿；当友军风尘仆仆、赶赴战场、破敌有望之时，先是感激之情油然而生，继而是胜利的欢娱挥之不去，何来兼并友军之欲？即便有以怨报德之心，亦须等待时日，寻衅滋事、激化矛盾。师出有名方可开战，大敌未灭而先并友军，这并不多见。

在大多数人的理解中，“偷梁换柱”的实质是用近似“瞒天过海”的手段，偷换事物的内容，改变事物的本质，颇有“调包之术”“挂羊头卖狗肉”的意味。

北魏孝文帝元宏胸怀大志，锐意改革。然而首都平城（治今山西大同市东北）地处塞北，气候寒冷，土地贫瘠，又不利于控制中原，于是孝文帝决定南下中原，迁都洛阳。但王公贵族不愿南下，孝文帝就以讨伐南齐之名率满朝文武及大军南下。九月，到达洛阳。此时，天公似乎有意要助孝文帝一臂之力，阴雨不止，行军困难。然而孝文帝身着戎装，扬鞭催马，硬要南进。这时群臣跪在孝文帝的马前，谏阻道：“今日南伐之举，天下百姓怨声载道，为臣不明白陛下为什么一意孤行。”孝文帝大怒道：“我正以混一海内为己任，而你们这帮朝内重臣却时时掣肘，处处阻挠。要知道这斧钺大刑是能够派上用场的。诸位不要再多言。”说完，孝文帝策马而进，安定王元休等人跪在马前不动，声泪俱下，执意不从。这时孝文帝看摊牌的火候已到，才稍稍平静一下自己的情绪说道：“今日南下之举，全国震动；如此大规模的行动，不了了之，将何以昭示后人？不南进伐齐也罢，但必须迁都于此，才好对国人有个交代。”王公贵族们虽然不愿迁都内地，但惧怕与南齐打仗，也就不再多言。孝文帝的迁都大计至此才得以实现。

孝文帝的改革困难重重，尤以迁都最为不易。迁都、汉化涉及民族情感，难以一蹴而就；而射猎征战、南进中原、抢掠人口物资，则是马上民族的“本分”。孝文帝以南下伐齐之名，行迁都洛阳之实，是典型的“偷梁换柱”的伎俩。当然，仔细品味，这一招可不能算是小伎俩。

第二十六计　醉翁之意不在酒

——指桑骂槐

【本计解语】大凌小者，警以诱之。刚中而应，行险而顺。

解语大意：慑服强大的、控御弱小的，要用警戒的方式诱导他。根据师卦的道理，适当的强硬会得到响应，采用果敢的手段便会得到顺从。“刚中而应，行险而顺”为师卦的彖辞。彖曰：“师，众也；贞，正也。能以众正，可以王矣。刚中而应，行险而顺。以此毒天下而民从之，吉又何咎矣！”大意是说，军队是由众多的人组成的，能使部属坚守正道，就可以在军中称王了。师卦为坤上坎下，九二爻刚健居中，与六五爻阴阳相应，虽有凶险而能顺利。以险毒之举来统治天下百姓，百姓顺从，当然吉祥而无灾。

【本计按语】率数未服者以对敌，若策之不行，而利诱之，又反启其疑。于是，故为自误，责他人之失，以暗警之。警之者，反诱之也，此盖以刚险驱之也。或曰：此遣将之法也。

按语大意：统率时常不服从自己的军队去打仗，如果你指挥调动不了他们，便以金钱相引诱，这样反而会引起他们的怀疑。正确的方法是自己有意造成一些失误，然后责备他人的过失，借此警告那些不服从自己指挥的人。这样的警戒，是从反面去诱导他们，这样的方法就属于用强硬险诈的手段迫使部队服从的方法。有人认为这也是一种调兵遣将的方法。

旁敲侧击、敲山震虎、杀鸡儆猴、“醉翁之意不在酒”，这是“指桑骂槐”的本质。此法可用来事上，也可用来御下；可用于治军，也可用于外交。关键在于使用得法。解语说“此遣将之法也”，失之狭隘。

春秋时期，齐景公有一匹心爱的马因马夫照料不周死去了。齐景公勃然大怒，操戈便要责打马夫。晏子三步并作两步跑到马夫面前，骂道：“应该打死这个可恶的马夫！你的罪过岂止是弄死了一匹宝马。你为大王养马却把马弄死了，罪该处死者一；你使齐君因马而杀人，罪该处死者二；因你被杀而使齐君重马轻人的名声显扬于诸侯，罪该处死者三……”没等晏子说完，齐景公便频频摆着手说：“你把他放了吧，不要因为他而坏了我仁慈的名声。”

世上常有该骂而不能骂、该打而不能打，却又不得不骂、不得不打的人。晏子富于智慧而又非常敬业，面对齐景公的粗暴，他不能坐视不理。“闭门不管窗前月，分付梅花自主张。”他做不到。然而，君威不可犯，他不能当廷直谏，却将马夫“数落”一番，激得齐景公警悟自解。晏子之谏的巧妙自然，令人钦佩。

齐景公曾派司马穰苴为将军，领兵抵御晋、燕两国的入侵，并用宠臣庄贾为监军。出兵前一天，穰苴约庄贾日中入军营，而后誓师开拔。可是庄贾自恃为齐景公的宠臣，根本没有把穰苴的嘱咐放在心上，一直到后半晌才懒洋洋地来到军营。穰苴问为什么迟到，他说因亲友饯行而耽误了时间。穰苴一听，勃然作色道：“将军自受命之日起，就应该忘掉家小；临阵整军，就应该忘掉故人；冲锋陷阵，就应该舍生忘死。如今，敌军压境，你我二人身负君民重托，在此紧要关头，你却若无其事，违犯军约，岂不误军国大事？”说完，即依军法处庄贾贻误军机之罪，当即命令推出斩首。齐景公听到这一消息，急忙派侍臣梁丘据持符节前来解救。梁丘据赶到军营，不但没有救得庄贾，反而也被穰苴以“驰骋军中”之罪论处。穰苴因他是奉君命前来，便饶他不死，只捣毁他乘坐的车子，以示惩罚。穰苴“斩首捣车”之举在军中引起巨大震动，上下肃然，号令所指，无不争先。晋、燕两国军队闻风丧胆，齐军乘势进击，收复了失地。

穰苴何等的胆气！不畏君命，斩宠臣，罚侍臣，一副唯我独尊、凛然而不可侵犯的大将风度。如此做派，震天动地，兵卒将士岂有不服膺听命之理！

孙武以自己所著兵法为吴王阖闾操练军队，吴王选出一百八十名宫女交给孙武，其中两名还是自己的爱姬，似乎想看孙武的笑话。孙武把这一百八十名宫女编为两队，并以这两名爱姬为队长。操练中，宫女们哄笑不止，不听号令，孙武依法要将两名任队长的吴王爱姬斩首，连吴王求情也不行。吴王爱姬被斩后，众人大惊失色，很快全队肃然，孙武很快便将其操练成了一支步伐整齐的军队。

《草庐经略》就此评论道：“夫天之道，虽春生不废秋杀；将之道，岂以姑息掩我威棱！苟在所统，犯法有刑，即位已崇高，亲如子弟，断不可宥。杀一人而三军震者，杀之，所谓罚必上究也。……违令者既以必诛，奉令者倍加兢守。杀之而众不恐，宥之而众不服。至若临阵，犹且峻刑，军心无两畏，亦无两侮。畏我则侮敌，畏敌则侮我。为所畏者胜，为所侮者败。善哉！古人之言曰：为将者，必使三军畏我而侮敌。”其实，孙武杀吴王爱姬岂止是给娇滴滴的宫女们看，更重要的是给那盛气凌人、对孙武之才尚存疑虑的吴王阖闾看：爱姬可斩杀，宫女可教战，孙武之论不是纸上谈兵。

第二十七计 真作假时假亦真

——假痴不癫

【本计解语】宁伪作不知不为，不伪作假知妄为。静不露机，云雷屯也。

解语大意：宁可假装无知而不采取行动，不可假装知道而轻举妄动。根据屯卦卦象所揭示的原理，处于险恶的环境之中，要沉着冷静，不露声色，暗中谋划。

“云雷屯”是屯卦的象辞。象辞为：“云雷，屯；君子以经纶。”屯，即萌芽。屯卦震下坎上。坎为云、为雨，震为雷。预示着草木破土之际，要遭雷雨袭击。面对这种艰难的局面，就必须像织布的能手理顺纱线一样，沉静应对。

【本计按语】假作不知而实知，假作不为而实不可为，或将有所为。司马懿之假病昏以诛曹爽，受巾帼、假请命以老蜀兵，所以成功。姜维九伐中原，明知不可为而妄为之，则似痴矣，所以破灭。兵书曰：“故善战者之胜也，无智名，无勇功。”当其机未发时，静屯似痴；若假癫，则不但露机，且乱动而群疑。故假痴者胜，假癫者败。或曰：

假痴可以对敌，并可以用兵。宋代，南俗尚鬼。狄青征侬智高时，大兵始出桂林之南，因佯祝曰："胜负无以为据。"乃取百钱自持，与神约："果大捷，则投此钱尽钱面也。"左右谏止："倘不如意，恐沮师。"青不听。万众方耸视，已而，挥手一掷，百钱皆面。于是举兵欢呼，声震林野。青亦大喜，顾左右，取百钉来，即随钱疏密，布地而贴钉之，加以青纱笼，手自封焉。曰："俟凯旋，当酬神取钱。"其后平邕州还师，如言取钱，幕府士大夫共祝视，乃两面钱也（《战略考·宋》）。

按语大意：自己假装不知道，而实际上却非常清楚；现在假装不行动，实际上却是行动的条件还不成熟，等待将来时机成熟才能行动。三国时，魏国重臣司马懿假装老昏病笃来麻痹曹爽，并进而诛杀了曹爽。他率军同诸葛亮对峙时，接受诸葛亮送来用以羞辱他的女人服装，不以为意，并上表请命，让魏主传谕坚守不战，以疲劳蜀军。司马懿所具备的这些品格，是他获得成功的重要因素。而蜀将姜维曾九次北伐中原，明明知道难以成功，却仍然轻举妄动，像个傻子，这是他失败的重要原因。兵书上说："善于指挥作战的人取得胜利，没有机智多谋的名声，没有勇敢杀敌的战功。"当行动的时机还不成熟时，镇静得如同白痴；如果癫癫狂狂，不但会暴露心机，而且混乱的行动还会引起众人的猜疑。所以，装作愚痴的人能赢得胜利，以癫狂的方法行事的人则将招致失败。有人说：假痴可以用于对敌作战，也可以用来治军。宋代时，南方崇拜鬼神的风俗很盛。北宋名将狄青奉命征讨侬智高，大军进至桂林以南，狄青假装拜神祷告说："这次用兵，胜负难以预料。"于是，自己取出一百枚铜钱向神许愿说："如果能大获全胜，那么，这些钱撒在地上，钱的正面都会朝上。"左右部将谏阻说："倘若不如心愿，恐使军心沮丧。”狄青不听。将士耸立注视，狄青挥手一撒，钱的正面都朝上。于是，全军欢声雷动，声震山林原野。狄青也十分高兴，吩咐左右取一百个钉子，按照钱在地面上的分布，逐一钉牢，并用青纱覆盖。又亲自加上封条，并说道：“等到打了胜仗，班师凯旋，一定取出钱来酬谢神灵。”后来狄青平定了邕州（治所今广西南宁）还军到达这里，按先前所立之言取钱酬谢神灵，他的幕僚们拿起来一看，原来钱的两面是相同的。

“假痴不癫”，即韬光养晦、“能而示之不能”“用而示之不用”之术。说到底，是做假演戏；但须演得逼真，假得可信。

三国时期，魏明帝死后，幼子曹芳继位，大将军曹爽、太尉司马懿共同辅政。曹爽利用身为曹氏宗族的有利条件，安置亲信，排斥异己，架空司马懿。司马懿急流勇退，为避曹爽锋芒，称病不朝，暗中窥测时机，夺取朝政。一日，朝廷任命李胜为荆州刺史，曹爽授意李胜向司马懿道别，借机观察司马懿的动静。司马懿果然不凡，会见李胜时，让两名婢女侍候在身旁，穿衣不能自理，几次脱落于地。他伸手指指嘴巴，示意口渴，侍女马上端上一杯稀粥，司马懿喝粥时洒得胸前都是，见此情状，李胜也不禁涕泣起来。……司马懿说：“老朽多病，死在旦夕，你要供职并州，此地靠近胡人，好自为之，恐怕不能再相见了！”李胜连忙纠正说是荆州不是并州。司马懿又装糊涂，故意把荆州说成并州，李胜再次纠正。司马懿若有所悟：“我年老心迷，不理解你的话，你还为荆州刺史，盛德壮烈，好建功勋。今日一别，日后难以相见，敢请师、昭兄弟与你结为朋友，不可分开，以报我区区之心。”说罢，流涕哽咽。……李胜告辞后向曹爽报告说，太傅言辞错乱，口不摄杯，指南为北，还把荆州当作并州。太傅的病估计好不了了，真让人难过啊！曹爽因而放松了对司马懿的警惕。不久，曹爽兄弟随曹芳朝拜高平陵，司马懿借机起兵，占据武库，迫使曹爽兄弟罢兵，继而把他们下狱治死，控制了朝廷大权，为司马氏代魏铺平了道路。

司马懿好一副可怜相！老态龙钟，衣不自理，口不摄杯，言辞错乱，涕泪横流，以及将不久于人世的绝望悲叹，戚戚之情，让人心寒。如此废人怎么可能致力于宫廷争斗？所以曹爽忽视了司马懿也入情入理，不足为怪。要说的是这司马懿着实不凡，在李胜面前的一番表演，即便是职业演员也需要费一番功夫，尽全力调动感情，进入角色；只是不知这司马懿戎马一生，政坛一世，日理万机，何时学来这绝妙的演技。

刘向《说苑·权谋》："谋有二端，上谋知命，其次知事。知命者，预见存亡祸福之原，早知盛衰废兴之始，防事之未萌，避难于无形。若此人者，居乱世则不害于其身，在乎太平之世，则必得天下之权。彼知事者亦尚矣！见事而知得失成败之分，而究其所终极，故无败业废功。孔子曰：'可与适道，未可与权也。'夫非知命知事者，孰能行权谋之术？"以此而论，司马懿虽谈不上"防事之未萌，避难于无形"，但却能"居乱世则不害于其身，在乎太平之世，则必得天下之权"。至于"得失成败之分""无败业废功"则更无可争辩。司马氏代魏，建立晋朝，统一中国，凿凿青史，所在昭明，所以司马氏之谋也算得上知命知事。

刘向还说："权谋有正有邪。君子之权谋正，小人之权谋邪。夫正者，其权谋公，故其为百姓尽心也诚；彼邪者，好私尚利，故其为百姓也诈。夫诈则乱，诚则平。"刘向判断权谋正邪的价值标准是为百姓尽心之诚诈。由此说来，司马氏以言辞错乱欺惑曹爽，其意近在全身保族，远在司马氏代魏，其谋为正还是为邪？两国交兵，伪诈相倾，间谍互置，各为其主，其正邪又何以论定？凡权谋，诡诈之属，与"正"无干，何来正邪之分！权谋仅仅是人们用来达到一定目的的手段。这目的，在伦理的或政治的价值尺度面前便立刻有了正、邪之分：或于公，或于私；或为百姓诚，或为百姓诈。但那手段却超然于正邪之上。好比刀子既可用来烹调美味，亦可用来划包偷窃、杀人；烹调美味、划包偷窃、杀人自有道德伦理之论说，至于刀子本身却没有什么好说，人们并不因为刀子曾被用来杀人而抱怨起它的锋利来。恰恰相反，人们对刀子要说的正是它的锋利与否，如同人们关心权谋功用的大小一样。权谋功用的大小是衡定权谋优劣的标准。或获一时之宜，或收长远之功；获一时之宜者为下乘，收长远之功者为上乘。

再回到“痴”上来。按语中狄青敢拿掷铜钱的办法“赌”战争的输赢，此举不但“痴”而且“癫”，还不是一般的“痴”和“癫”，真是“痴”“癫”得上了天！试想，胜败乃兵家常事，没有常胜不败的将军。纵使狄青骁勇善战、料事如神，能知未来吉凶祸福，亦不能料知一百枚铜钱的向背，一旦失手，后果不堪设想，岂不太“痴”、太“癫”？然而，这“痴”中有智，“癫”中有静；钱皆正面，何“痴”之有！何“癫”之论！

狄青之举，真可谓“假痴不癫”的绝唱！

第二十八计　山回路转不见君，雪上空留马行处

—— 上屋抽梯

【本计解语】假之以便，唆之使前，断其援应，陷之死地。遇毒，位不当也。

解语大意：故意露出破绽，予敌人一定的便利条件，以引诱他向我靠近，然后切断他的后援和侧应，使他陷于死地。根据噬嗑卦的道理，利用敌人贪吃的弱点，诱他们吃有毒的腊肉，陷他们于死地。

"遇毒，位不当也"是噬嗑卦六三爻的象辞。噬嗑卦震下离上。震为雷，离为火、为电。雷电交加，凶险之象。又六三爻阴居阳位，故位不当。噬嗑，意为吃坚硬的肉干，王船山解释说，肉干虽小但却坚硬，不宜吃；勉强去吃，则会造成危害。本计借用此语意在说明，贪图小利而冒进，就会陷入危险的境地。

【本计按语】唆者，利使之也。利使之，而不先为之便，或犹且不行。故抽梯之局，须先置梯，或示之以梯。如慕容垂、姚苌诸人怂秦苻坚侵晋，以乘机自起（《晋书·苻坚载记》）。

按语大意：所谓唆使，就是要用一定的利益去引诱敌人。用利益去引诱而不给他一定的方便条件，敌人就可能犹豫而不付诸行动。所以，既然要用上屋抽梯的计谋，就必须先给他放置梯子，或者向他提示有梯子。东晋十六国时期，慕容垂、姚苌等怂恿前秦王苻坚举兵南下讨伐东晋，结果大败于淝水，他们却乘机崛起。

“上屋抽梯”计出有典。东汉末年，荆州刺史刘表的长子刘琦不能见容于继母，刘表亦受夫人的挑唆，厌恶刘琦而喜爱少子刘琮。刘琦深恐遭继母陷害，多次向诸葛亮请教安身立命之道，均遭婉拒。一天，刘琦将诸葛亮诱入后花园，共上高楼，宴饮畅谈，并令人抽去楼梯，笑着向诸葛亮说：“今日上不着天，下不着地，言出你口，入于我耳，可以赐教了吧？”诸葛亮没有退路，便以当年晋公子申生留在国内被其父王的妃子陷害致死，而公子重耳流亡国外得以保全性命，并最终继承王位的故事警示刘琦，刘琦感悟，借机出任江夏太守，逃出了险境。

“上屋抽梯”之术可对敌，可与己。对敌，即孙子所说“利而诱之”，断其归路，使敌人“前后不相及，众寡不相恃，贵贱不相救，上下不相收，卒离而不集，兵合而不齐”。此类战例，战争史上俯拾即是，前文亦多有论列，此不赘言。与己，即孙子所说“帅与之期，如登高而去其梯”，就是置之死地而后生，投之亡地而后存；还要有梯可下，抽、置随己，“若驱群羊，驱而往，驱而来”。

汉初，韩信受刘邦之命率军进攻赵国。赵国大将陈余闻讯后，将赵军主力集中在井陉关口，欲借地形优势歼灭汉军。韩信得到消息十分高兴，率领军队大胆地向那狭长的山道进军，在距井陉关口三十里处扎下营寨。半夜间，韩信发出进军号令，选派两千名轻骑兵，每人携带一面红色的汉军旗帜，从小路进抵可以观察到赵军动静的山坡上隐蔽待命。接着又派一万人为先头部队开出营寨，背水列阵，正面御敌。赵军看到汉军有进无退的绝阵，大笑韩信徒有名将的虚名。直到天大亮，韩信亲自率领一支部队，开出井陉关的隘道。赵军打开营门，迎击汉军。两军混战许久，韩信佯装不敌，丢掉指挥用的旗鼓，慌忙退到排在水边的军阵之中。赵军倾巢而出，争相抢掠汉军的旗鼓，追击韩信所将兵马。韩信会合水边的部队，掉头死拼赵军。先前埋伏好的那两千轻骑兵见赵军倾巢而动，按韩信的事先安排迅速冲进赵军的营寨，拔下赵军的旗帜，树起两千面汉军的旗帜。赵军一时无法打败背水作战的韩信军队，猛然间发现自己的营寨上全是汉军的红旗，以为汉军已经俘虏了赵王及其臣僚，顿时阵脚大乱，躲的躲，逃的逃，谁也阻挡不住。这时，汉军前后夹击，大破赵军，临阵斩了陈余。

这是中国战争史上一个有名的以患为利、上屋抽梯而又抽置自若的战例。背水列阵是抽梯之举，偷袭赵巢为置梯之举。抽置变换，扑朔迷离，以至于许多将领如堕五里雾中，他们在庆功会上问道："兵法右倍山陵，前左水泽，今者将军令臣等反背水陈，曰破赵会食，臣等不服。然竟以胜，此何术也？"韩信说："此在兵法，顾诸君不察耳。兵法不曰'陷之死地而后生，置之亡地而后存'？且信非得素拊循士大夫也，此所谓'驱市人而战之'，其势非置之死地，使人人自为战；今予之生地，皆走，宁尚可得而用之乎！"

韩信此法，险而夷，夷而险；"若驱群羊，驱而往，驱而来，莫知所之"。

第二十九计　红杏枝头春意闹

——树上开花

【本计解语】借局布势，力小势大。鸿渐于陆，其羽可用为仪也。

解语大意：借助某种局面布成有利的阵势，虽然实力较小，但仍可使阵势显出很强大的样子。根据渐卦的道理，鸿雁飞向高山，它落下的羽毛也可以被我用来做装饰。

“鸿渐于陆，其羽可用为仪”是渐卦上九爻辞。渐卦艮下巽上。艮为山，巽为风、为木。渐卦的象辞说：“山上有木，渐，君子以居贤德善俗。”大意是说，满山的树木渐渐生长，君子的贤德也应该像这满山的树木一样逐渐生长，并感召他人，形成美好的风俗。渐卦上九爻辞的大意是说，鸿雁在高空飞翔，它那美丽的羽毛掉落下来，人们也可以用来作为装饰物。本计借用渐卦上九爻辞，意在说明，本来实力弱小的军队也可以经过修饰而变得强大。

【本计按语】此树本无花，而树则可以有花，剪采粘之，不细察者不易觉。使花与树交相辉映，而成玲珑全局也。此盖布精兵于友军之阵，完其势以威敌也。

按语大意：这棵树上本来没有开花，但可以通过一定的方法让树上有花。用彩绢剪裁成花，然后粘在树上，不用心观察就发觉不了。美丽的花朵和树枝交相辉映，组成巧妙逼真的浑然整体。把这种方法运用于用兵打仗，可以把自己的精锐部队布置在盟军的阵地上，造成强大的阵势来威慑敌人。

树能开花，但不是时时有花，处处有花；无花时想看花，则可做假花，同样可收到繁花似锦的效果。善用兵者，“先为不可胜，以待敌之可胜”；但“先为”，需要一个过程，当为而未果时，就可能为敌所胜，这时，就须运用真假虚实的变幻，疑敌诈敌，如同无花时节做假花，令树木繁花似锦一样。

诸葛亮是智慧的化身，战场上，常常如鱼得水，左右逢源，玩对手于股掌之上。然而，没有常胜不败的将军，他也有困窘之时。他的无兵用“空城”，没命用“木偶”，都是险境中的“树上开花”之举。从这个意义上说，“树上开花”是困境中的冒险，一旦被人识破，后果不堪设想，但它却是绝地求生的希望。战场形势瞬息万变，树上开花就成为战争中不可或缺的手段。

人们常用“花样繁多”来形容品种的齐全或手法的多样。事实上，花样确实繁多，有多少种树就有多少种花。战争中用什么树，开什么花，全因战争形势的需要而定。诸葛亮设空城，用木偶；猛张飞以三十二名骑兵吓退曹操的数万大军；檀道济以沙代粮蒙对手；田单“火牛”破燕军；韩信背水列阵，偷袭赵垒，如此等等，“开花”之术刁钻、奇特、出人意料，真可谓“忽如一夜春风来，千树万树梨花开”。敌人惊疑之间，我已化被动为主动，“柳暗花明”了。其中，田单的“火牛阵”匠心独具，不妨一录。

战国末期，燕、赵、楚、魏等国军队联合进攻齐国，势如破竹，齐国仅剩莒（今山东莒县）和即墨（今山东平度东南）两城困守。齐国名将田单据守即墨，为了打败燕军，他把精锐部队埋伏起来，让老幼妇女登城守望，同时派使者到燕军中约定投降，还收集黄金千镒送往燕营。燕军由此愈益懈怠。于是，田单就把城中千余头牛集中起来，给牛披上深红色的上面画着五彩龙形图案的绸衣，在牛角上绑上尖刀，再把蘸有油的芦苇捆在牛尾巴上。等夜深人静，把城墙挖开数十个洞，把牛尾巴上的芦苇点燃，纵牛出城，并让五千壮士随牛杀出。“火牛”不堪尾巴灼痛，拼命奔向燕军营中，燕军将士但见火光之中五彩缤纷的牛群横冲直撞，不禁大惊失色，乱成一团。五千齐军壮士借着牛威冲杀在前，身后百姓摇旗呐喊，震天动地。燕军从未见过这等神牛，逃窜之中，被斩杀无数。田单乘胜追击，把燕军驱逐出国境，收复了丢失的七十余城。

求生的欲望能战胜一切。在齐国亡国在即，似乎已毫无生路可言时，田单居然能摆出这前无古人的“火牛阵”，力挽狂澜，救齐国于危难之中，出人意料。

“发短愁催白，颜衰酒借红。”办法总会有的。

第三十计　但使主人能醉客，不知何处是他乡

—— 反客为主

【本计解语】乘隙插足，扼其主机，渐之进也。

解语大意：捕捉敌人的漏洞，插足进去，控制住他的要害机关，按照渐卦所揭示的原理，循序渐进。

【本计按语】为人驱使者为奴，为人尊处者为客，不能立足者为暂客，能立足者为久客，客久而不能主事者为贱客，能主事则可渐握机要，而为主矣。故反客为主之局，第一步须争客位，第二步须乘隙，第三步须插足，第四步须握机，第五步乃成为主。为主，则并人之军矣。此渐进之阴谋也。如李渊书尊李密，密卒以败（《隋书·李密传》）**。汉高祖视势未敌项羽之先，卑事项羽，使其见信，而渐以侵其势。至垓下一役，一举亡之**（《史记·汉高祖本纪》）。

按语大意：受人差使的是奴隶，受人尊重的是客人；没有立足之地的是暂时的客人，有一席之地的是永久的客人，长久做客人却

不能主管一方事务的是低贱的客人，能主管一方事务并且逐渐掌握重权的，就成为主人了。所以，由客人而逐渐成为主人的棋局，第一步必须争取到客人的位子，第二步必须捕捉漏洞和时机，第三步是乘隙插足，第四步必须掌握机要，第五步则成为主人。所谓成为主人，即是指吞并了他人的军队。这就是循序渐进的阴谋。如隋末李渊还未成气候时，致书尊崇李密，李密最终因此而失败。汉高祖刘邦自料势力难以同项羽相抗衡，便十分谦卑地侍奉项羽，以便取得项羽的信任，并逐渐侵夺项羽的势力，最后垓下一战，一举消灭了项羽。

这里讲的主、客关系不是主人与客人的关系，而是主人与仆从的关系。人皆好主不好客，然而客多主少，必有一争。人赤条条而来，本无主、客之分（世袭的皇帝纯属个例，况且也不是恒定不变的）；主、客之分，是一个永恒变化的过程。这变化的过程充满了智慧，充满了斗争，充满了血腥，充满了戏剧性，充满了说不尽、道不完的玄机。

所谓“反客为主”，逻辑起点是“客”。争取客位，就是争取最基本的生存权。居客，亦需要勇气、耐心和智慧，否则，反客为主就无从谈起。为客的基本要求是“柔”。这就涉及刚与柔的关系。

一刚一柔，应物待人之理可谓尽矣。无论君臣、朋友、邻里、同行相处，抑或两国交兵、宫廷争斗，刚柔之道无所不用：或以柔克刚，或以刚克柔，或以刚克刚，或刚柔并济。

最早对刚柔之道做系统论述的应推老子。老子的思想核心是柔弱胜刚强。他通过对人类及植物的观察发现：婴儿及幼苗虽然柔弱，但他们却能从柔弱中壮大；等到壮大了，反而走向死亡。他说：“人之生也柔弱，其死也坚强。草木之生也柔脆，其死也枯槁。故坚强者死之徒，柔弱者生之徒。是以兵强则灭，木强则折。强大居下，柔弱处上。”由此得出了“柔胜刚、弱胜强”的结论。老子还用水作比喻：水看起来很柔弱，但任何坚强的东西都不能战胜它。综观历史和现实，老子柔弱胜刚强的论断可以在实际生活的许多方面得到印证；但以刚克刚或刚柔并济的思想亦可以在实际生活中的许多方面得到印证。这就是说，老子柔弱胜刚强的思想也是可以证伪的；可以证伪就说明它也不是亘古不变、遇事皆灵的法宝。生的归宿是死亡，柔脆的归宿是枯槁，柔弱的归宿是坚强；尽管“坚强者死之徒，柔弱者生之徒”，但任何人都不可能永远守住柔弱，因为柔弱一定要变。柔弱刚强互依其对方的存在而存在，这本身就足以说明刚强的作用之所在。可见，老子的刚柔之说亦失之偏颇。

秦汉之际的黄石公在老子学说的基础上提出了柔弱刚强各有所用，“兼其四者而制其宜”的思想，从而形成了比较完备的刚柔学说体系。黄石公，即圯上授张良书者，他以黄石自喻，具体事迹不可考，可能是一位满腹韬略并具有反秦思想的隐士。

《黄石公三略》：“柔者，德也；刚者，贼也。”在黄石公看来，“柔”就是道德感化，是美德；“刚”就是强硬的手段，是灾祸之源。他认为“柔能制刚，弱能胜强”。因为“弱者人之所助，强者怨之所攻”。在这一点上，他与老子并无二致。

老子说：“天下莫柔弱于水，而攻坚强者莫之能胜，以其无以易之。”他力主道德感化：“人法地，地法天，天法道，道法自然。”天地何以值得人们去效法呢？他说：“天长地久。天地所以能长且久者，以其不自生，故能长生。”你看天地无私的胸怀：“万物作而不辞，生而不有，为而不恃，功成而弗居。”老子敬服的就是天地这种没有自私目的、没有功利欲望的博大胸襟。然而，辩证法是世界的主宰，一切都会走向其反面。正因为天地博大无私，所以老子说“以其无私，故能成其私”，成为人类及生灵万物效法的榜样，犹如“江海所以能为百谷王者，以其善下之，故能为百谷王”一样。

所以老子才说“弱之胜强，柔之胜刚”。

老子关于柔弱胜刚强的思想，揭示了宇宙万物的一般法则，是从一般趋势上讲的，因而具有广泛的适用性。具有广泛的适用性，并不等于说放之四海而皆准、适用于任何时空条件和环境条件。试想：两军对阵，刀光剑影，双方均欲置对手于死地而后快，柔弱感化必遭灭顶之灾；再者，既已干戈相对，何谈道德感化？宫廷争斗，血雨腥风，柔弱以待，便可能沦为阶下之囚。沙场对阵，可以示之以弱，但必制之以刚；宫廷争斗，亦可示之以弱，但亦必收功于刚。所以柔弱刚强各有所用，贵在因时制变，因地制变，因人制变。这便是黄石公与老子的不同之处。《黄石公三略》有言：“柔有所设，刚有所施，弱有所用，强有所加，兼其四者而制其宜。”又说：“能柔能刚，其国弥光。能弱能强，其国弥彰。纯柔纯弱，其国必削。纯刚纯强，其国必亡。”论说精到，于理甚明。

柔弱刚强之道运用于社会生活，时而如涓涓细流，时而如惊涛拍岸；时而温情脉脉，时而凶怒狂放。万化千变，蔚为壮观。

汉王刘邦垓下之战迫使曾叱咤风云、分裂天下、号为霸王的项羽拔剑自刎，汉家王朝得以建立。可有谁想到，鸿门宴时，他对项羽又是何等的卑躬屈膝。大将韩信涉西河，掳魏王，擒夏说，引兵下井陉，诛成安君，破赵，胁燕，定齐，南摧楚人之兵二十万，东杀龙且，西向以报，战功天下无二，谋略当世无双，可有谁想到，他曾是一位被人欺凌、蒙受胯下之辱的浪荡少年。

季布曾是楚军名将，楚地有言曰：“得黄金百，不如得季布一诺。”好一位豪侠任气、言信行果、令人敬慕的英雄！很难想象，当这位顶天立地的英雄失败的时候，不但不能“杀身成仁”，反而甘为人奴，受尽了屈辱。司马迁于此感慨颇多，他写道：“以项羽之气，而季布以勇显于楚，身屦典军搴旗者数矣，可谓壮士。然至被刑戮，为人奴而不死，何其下也！彼必自负其材，故受辱而不羞，欲有所用其未足也，故终为汉名将。贤者诚重其死。夫婢妾贱人感慨而自杀者，非能勇也，其计画无复之耳。”

司马迁短短数语情趣激昂，高峰迭起。既有对季布搴旗斩将、数困汉王之沙场雄风的赞颂，又有对季布髡钳逃匿、为人做奴之狼狈际遇的感叹。接着，笔锋一转，断言季布自负其才，只是找错老板，功业未就，于心不甘。所以摧刚为柔，受辱不羞，终于成为汉代名将。而那些一遇挫折便感慨自杀的人貌似义勇，实则为婢妾贱人之举，说到实质，是江郎才尽，无以挽回而已。

管仲是春秋时期齐国的名相，他最初侍奉公子纠，公子纠在同公子小白（即后来的齐桓公）的争斗中失败，管仲自然也就成了阶下囚。然而他不能“杀身成仁”，由鲍叔牙力荐，又侍奉齐桓公，成就了一代伟业。管仲不无感慨地说：“吾始困时，尝与鲍叔贾，分财利多自与，鲍叔不以我为贪，知我贫也。吾尝为鲍叔谋事而更穷困，鲍叔不以我为愚，知时有利不利也。吾尝三仕三见逐于君，鲍叔不以我为不肖，知我不遭时也。吾尝三战三走，鲍叔不以我为怯，知我有老母也。公子纠败，召忽死之，吾幽囚受辱，鲍叔不以我为无耻，知我不羞小节而耻功名不显于天下也。生我者父母，知我者鲍子也。”

看！管仲身为一代名相曾是这样的人：与鲍子经商，欺友多贪；为人谋事，更使人困；侍奉人君，三仕三被逐；执戟上阵，三战三逃；幽囚受辱，更事二主。管仲之举，似乎为君子所不齿。但假令管仲英勇牺牲，便不能成就他对中国历史文化的巨大贡献。管仲是抱着“不羞小节而耻功名不显于天下”的价值观来做人的。因此，孔子说管仲所为“岂若匹夫匹妇之为谅也”！

这样的事迹太多，我们也可从中感受到“反客为主”之道承载了中国文化丰富的智慧和经验。

第六套 败战计

歌声未已明君至（据明天启苏州白玉堂刻本《东西汉传》）

第三十一计 直抵人性薄弱处

——美人计

【本计解语】兵强者，攻其将；将智者，伐其情。将弱兵颓，其势自萎。利用御寇，顺相保也。

解语大意：同精锐的敌人作战，要重点攻击他们的将帅；同将帅富有智谋的敌人作战，要用计打击他们的情绪。如果将帅懦弱、士兵斗志低沉，这样的军队势必自行萎缩。根据渐卦所揭示的道理，要善于利用敌人自身的严重缺点，顺势应对，保存自己的实力。“利用御寇，顺相保也”：渐卦九三爻的象辞。御寇，即抵御敌人。全句大意为，抵御敌人，顺势保存自己。

【本计按语】兵强将智，不可以敌，势必事之。事之以土地，以增其势，如六国之事秦，策之最下者也。事之以布帛，以增其富，如宋之事辽、金，策之下者也。惟事之以美人，以佚其志，以弱其体，以增其下之怨，如勾践之事夫差，乃可转败为胜（《左传·哀公十一年》）。

按语大意：士兵精锐、将帅富于智慧，这样的敌人，就难以同他们相抗衡，只好顺应形势，暂时侍奉他们。如果以割地求和的方式向敌人表示屈服，更增加了敌人的实力和威势，如战国末期山东六国侍奉秦国那样，属于最下等的策略。如果以大量进贡金钱绢帛的方式侍奉敌人，更增加了敌人的富有，如宋朝屈侍辽、金那样，属于下等策略。只有以献美人的方式侍奉敌人，才可以消磨敌人的志气，削弱他们的身体，增加其属下的愤怨，如越王勾践用美女西施和重金去侍奉吴王夫差那样，才能够转败为胜。

"美人计"是败战计中的第一计。为什么将此计排第一？因为它抓住了人性的弱点，屡试不爽。告子说："食、色，性也。"孔子说："饮食男女，人之大欲存焉。"这是上天的安排，谁也不能逃过这个安排而自己另作安排。饮食与享受男女之情虽然都是人的天性，但二者的功用有别：饮食是生存的必需，而"男女"则是生存的享受。问题是这样的享受不同于一般的可有可无的享受：这享受荡人魂魄，欲仙欲死，其愉快的程度是语言难以表达的；这享受使许多人不惜以身试法，甚至甘冒生命危险孜孜以求，义无反顾。这天性的冲动，一旦暴发，就犹如冲决堤防的洪水汹涌狂放，不可阻挡。还有，它经不起诱惑。

英雄配美人是千古传诵的佳话，可古往今来，又有多少顶天立地的英雄因女色而使辉煌的功业毁于一旦！"春宵苦短日高起，从此君王不早朝"（白居易《长恨歌》）；"一笑相倾国便亡，何劳荆棘始堪伤。小怜玉体横陈夜，已报周师入晋阳"（李商隐《北齐》）。英雄征服天下，女人征服英雄。许多人这样认为。孔子感叹说："吾未见好德如好色者也。"可见，古来如此。

不过，站在女人的立场上来看，却另有说法。后蜀亡国以后，后蜀王妃子花蕊夫人被俘。宋太祖赵匡胤就问她，你们国家有十几万大军，你怎么落到今日的下场？她作诗答曰："君王城上竖降旗，妾在深宫那得知。十四万人齐解甲，宁无一个是男儿。”她把男人骂个狗血淋头，把自己推个干干净净。

确有道理！政治家也好，将军也罢，爱美人是天性使然，但不可不爱江山，全在乎自己的平衡与协调。刘备就没有沉溺于女色，忘掉江山。赤壁之战后，三国鼎立的局面得以初步形成，刘备势力的不断壮大引起了吴主孙权的担忧，于是他接受了谋士的建议，把自己二八芳龄的妹妹嫁给刘备，并在京城建业为刘备修筑豪华的住宅，意在使刘备坠入温柔之乡，忘掉江山社稷。可这刘备身在吴营心在汉，仍然不坠青云之志。更可气的是这新任的刘备夫人，也是个“吃里扒外”的主儿，她不但不与她的吴主哥哥配合，反而劝刘备以社稷大业为重，别上了孙权的当，陪着丈夫回荆州去了。孙权“赔了夫人又折兵”，美人计没奏效。

当然，刘备毕竟是刘备，是浑身充满着智慧的诸葛亮死心塌地侍奉的明主，并不具有普遍意义。孔老夫子深知人之大欲存于男女之事，主张有个正常的宣泄渠道。他删订《诗经》，第一篇便是《关雎》，是男女相爱。真是用心良苦。他说：“《关雎》乐而不淫，哀而不伤。”还说：“诗三百，一言以蔽之：思无邪。”允许思，但不能“邪”。他是个理想主义者，但实际上行不通。

孔子到了卫国，不是也抵挡不住诱惑，去见了名声并不太好的绝色佳人南子吗？圣人尚且如此，况芸芸众生乎？对于美人计，大多对付的办法恐怕是“将计就计”。

第三十二计 智者胆大不妄为

——空城计

【本计解语】虚者虚之，疑中生疑。刚柔之际，奇而复奇。

解语大意：如果兵力空虚，则可以进一步摆出更加空虚、毫无设防的形势暴露给敌人，这样反而会使敌人疑窦丛生。根据解卦的原理，刚柔兼用，亦刚亦柔，使敌人搞不清你到底是刚还是柔，就会收到奇妙的功效。“刚柔之际”，解卦初六爻的象辞。解卦的含义是解除困难。本计借用“刚柔之际”的象辞，意在说明，亦刚亦柔，刚柔混杂，可以收到迷惑敌人的效果。

【本计按语】虚虚实实，兵无常势。虚而示虚，诸葛而后，不乏其人。如吐蕃陷瓜州，王君焕死，河西汹惧。以张守珪为瓜州刺史，领余众，方复筑州城。版干裁立，敌又暴至，略无守御之具，城中相顾失色，莫有斗志。守珪曰：“彼众我寡，又疮痍之后，不可以矢石相持，须以权道制之。”乃于城上置酒作乐，以会将士。敌疑城中有备，不敢攻而退（《新唐书·张守珪传》）。**又如齐祖珽为北徐**

州刺史。至州，会有陈寇，百姓多反。珽不关城门，守陴者皆令下城，静坐街巷，禁断行人，鸡犬不乱鸣吠。贼无所见闻，不测所以，或疑人走城空，不设警备。珽复令大叫，鼓噪聒天，贼大惊，登时走散（《北齐书·祖珽传》）。

按语大意：用兵之计，或虚或实，或实或虚，没有恒久不变的固定模式，本来是空城而示敌以空城这种虚而示虚的用兵方法，自诸葛亮以后，运用者不乏其人。如唐朝时，吐蕃的军队攻陷了瓜州（治所在晋昌，今甘肃瓜州东南），大将军王君焕战死，河西地区的百姓惊恐不安。张守珪奉诏命出任瓜州刺史，率领余众，修筑城墙。刚刚竖起木柱和夹板，吐蕃人又突然来袭，城中没有守御工具，大家相顾失色，没有斗志。张守珪胸有成竹地对大家说："敌众我寡，我方历经战火，伤痕累累，不能用刀兵同敌人相对抗，必须用谋略去战胜敌人。"于是下令在城上摆酒席，奏响乐器，同将士聚会宴饮。吐蕃人便怀疑城内有伏兵，不敢贸然进攻，退了回去。又如南北朝时期，北齐的祖珽奉命出任北徐州（今安徽凤阳东北）刺史。刚到任，即有南陈军队入侵，当地百姓亦纷纷乘机起兵反齐。祖珽却命令不关城门，并让守城的士兵全部下城，静静地坐在街巷，禁止人行和鸡鸣犬吠。南陈军队什么也看不见，什么也听不到，便无从判断事情的真相。有人正怀疑是座空城，祖珽突然又命令城内大喊大叫，噪声震天。南陈的军队大吃一惊，立即逃散了。

"空城计"是险计中的险计。没有卓尔不群的胆魄和气吞山河的胸襟难以为之。

本计的内涵为一般百姓所耳熟能详。说到空城计，人们首先想到的是足智多谋的诸葛亮。然而，你也许不知道，空城计虽然在历史上真真切切地被多次使用，诸葛亮却从未用过空城计。这是《三国演义》的文学虚构。正因为空城计是险计中的险计，是胆魄与智慧的极致，人们才不肯把它的知识产权交给真正发明它的人，却把它赠予了诸葛亮这个智慧的化身。这是一桩十足的侵权案。

人们不顾事实，硬性确认诸葛亮的发明权，自有他们的道理。诸葛亮一生谨慎，司马懿生性多疑。这两者的结合为空城计的演绎提供了广阔的想象空间，使空城计的故事更充满了悬念，且生动可信。它不符合历史的真实，却符合生活和艺术的真实。两相比较，人们更倾向于生活和艺术的真实。

“空城计”的使用未必以城为依托。有城可用，无城亦可用。汉代“飞将军”李广在同匈奴作战中，曾以一百多名骑兵遭遇匈奴骑兵数千人。匈奴最初以为他们是诱兵，惊疑之余，立刻上山排开阵势。那些汉兵十分害怕，都想掉转马头往回跑。李广却勒令他们继续前进，一直进到距匈奴阵地不足二里路的地方下马解鞍，就地休息。李广看到大家惶恐不安，便解释说，匈奴本以为我们会退走，我们偏偏下马休息，以示挑衅，他们就会确信我们是诱兵，不敢轻易采取行动。匈奴果然不敢贸然攻击，只是派一名首领带几名士卒到汉军阵地周围观察动静。李广就跃身上马，带领几名骑兵射杀了匈奴的首领，然后重新返回原地，下马而卧。直到半夜，匈奴担心中汉军埋伏，主动撤离，李广得以安全撤回大营。

当战也覆没、退也覆没时，空城计便有了用武之地。

第三十三计 大仁大智者的游戏

——反间计

【本计解语】疑中之疑。比之自内，不自失也。

解语大意：在疑阵之中再设疑阵。根据比卦的原理，利用隐藏在我方的敌人的间谍反做我们的间谍，这样，我方就不会因敌人的间谍而遭受损失。“比之自内，不自失也”：比卦六二爻的象辞。比，亲比、相亲、依附之意。比卦上坎水，下坤地。地得水而润，水得地而流，是相亲相附之象。本计借用此卦意在说明，可以利用敌人潜伏在我方内部的间谍为我方服务的道理。

【本计按语】间者，使敌自相疑忌也；反间者，因敌之间而间之也。如燕昭王薨，惠王自为太子时，不快于乐毅。田单乃纵反间曰：“乐毅与燕王有隙，畏诛，欲连兵王齐。齐人未附，故且缓攻即墨，以待其事。齐人惟恐他将来，即墨残矣。”惠王闻之，即使骑劫代将，毅遂奔赵。又如周瑜利用曹操间谍，以间其将；陈平以金纵反间于楚军，间范增，楚王疑而去之。亦疑中之疑之局也。

按语大意：间谍，所从事的活动是唆使敌人相互猜疑；反间，就是利用敌人的间谍反过来去离间敌人。如燕昭王死后，燕惠王继位。燕惠王在做太子时，同乐毅关系不睦。齐将田单利用这一矛盾，行施反间，扬言说："乐毅同燕王有矛盾，他怕燕王杀他，想同齐国联兵，做齐国的国王。现在齐国人人心尚未归附乐毅，所以他才缓攻即墨，目的在于等待人心向背的转变。现在齐国人最害怕的是燕王改派别的大将来代替乐毅，如果这样，即墨就难以保全了。"燕惠王听到这个消息后，果然中计，随即派骑劫代替乐毅为将，乐毅被迫逃往赵国。又如三国时，吴国大都督周瑜利用曹操派来的间谍实施反间活动，使曹操误杀谙知水战的大将蔡瑁、张允。又如楚汉相争时，汉王刘邦的谋士陈平用金钱收买楚军将士，传播谣言，离间楚王项羽同军师范增的关系，楚王项羽果然上当，怀疑范增暗通汉王，逼范增离开了楚军。这就是在疑阵中再布疑阵的方略。

用间，是一个亘古常新的话题。兵圣孙武在其兵法大典《孙子兵法》中列有专章，可见他对用间的重视。他说："明君贤相，所以动而胜人，成功出于众者，先知也。"所谓先知，不靠事鬼神，不靠验天象，不靠牵强附会，靠的是利用人去了解敌情。他还强烈谴责那些爱爵禄百金，不肯用间，致使公私疲敝、内外骚动、百姓不得安宁的国君是最不仁道的国君。他把用间提到了决定战争胜败的战略高度。他说："三军之事，莫亲于间，赏莫厚于间，事莫密于间。"

他认为，用间是一门艺术，不是"一手交钱一手交货"的简单买卖。他说："非圣不能用间，非仁不能使间，非微妙不能得间之实。"他总结出用间的五种方式：乡间、内间、反间、死间和生间。其实，形式并不重要，只要能得到情报，可以无所不用其极。况且，"五间"并不能概括所有的用间方式。

战国时期，赵国大夫张孟谈被解除朝内职务闲住在家。这时，韩、魏、齐、楚四国准备联兵攻打赵国。赵襄子前往拜见张孟谈，请教破敌的方略，他说："从前智伯的土地赵氏多得了十座城，如今四国诸侯想要夺回去，怎么办呢？"张孟谈说："您背着剑，亲自驾车把我迎回国都，请到朝堂之上，授我大夫的职位，我才可以尝试着为您谋划。"赵襄子答应了。于是，张孟谈就派他的妻子出使楚国，派长子出使韩国，派次子出使魏国，派最小的儿子出使齐国。四国彼此搞不懂对方在与赵国搞什么名堂，疑虑重重，四国的联盟随之瓦解了。

这用的是什么间？很难说。用间的目的有二：一是得敌之情，二是破敌之盟。凡欲得敌之情、破敌之盟，非用间不可。只是用间千变万化的方式，没有定式。

曹操征讨关中时，与马超、韩遂在渭水对峙。马、韩请割地求和，并请为自己的弟子在朝内谋个职位。曹操采纳了贾诩的计策，假装答应他们的请求。韩遂请求与曹操见面。曹操与韩遂的父亲同一年被推荐为孝廉，又与韩遂是侪辈，因此两人相见谈了很久，所谈不涉军事，只谈故交旧事，拍手欢笑不已。谈完之后，马超问韩遂都说了些什么，韩遂却支支吾吾地说："没说什么。"马超便起了疑心。过了几天，曹操致书韩遂，故意涂涂改改，好像是韩遂做了手脚，马超更加怀疑韩遂出卖了自己。曹操抓住时机，发起攻击，大败马、韩的军队。

试想，自己的盟友与敌人交谈甚欢，又不愿坦白自己都说了些什么，谁能不起疑心！这真是简单而又卓绝的用间方式。真可谓"微哉微哉，无所不用间也"。

看来，将反间计归入败战计中真有些委屈了它。用间，在战争中须臾不可缺失，并不限于败战之时。

第三十四计　挑战生物本能

——苦肉计

【本计解语】人不自害，受害必真。假真真假，间以得行。童蒙之吉，顺以巽也。

解语大意：人，都不会自己伤害自己；如果受到了伤害，肯定是受到别人的伤害。我利用这一人之常情，以假作真，以真作假，离间计就得以实现。“童蒙之吉，顺以巽也”是蒙卦六五爻的象辞。大意是说，蒙昧的孩童正在接受教育，只要顺应他的特点，他就会对你恭顺谦逊，所以吉祥。根据蒙卦所揭示的道理，要利用敌方主帅的幼稚，制造合乎情理的骗局，就能达到自己的目的。

【本计按语】间者，使敌人相疑也；反间者，因敌人之疑，而实其疑也。苦肉计者，盖假作自间以间人也。凡遣与己有隙者以诱敌人，约为响应，或约为共力者，皆苦肉计之类也。如郑武公伐胡，而先以女妻胡君，并戮关其思（《韩非子·说难》）；韩信下齐而郦生遭烹。

按语大意：间谍所从事的活动是唆使敌人相互猜疑；反间，就是要利用敌人原有的疑惑，使他原来所怀疑的东西成为现实。用苦肉计，就是假装自己去做敌人的间谍，而实际上则是借此打入敌人内部从事间谍活动。凡是派遣同自己有怨恨的人去诱惑敌人，相约作为内应，或相约共同起事的，都属于苦肉计一类的计谋。如郑武公想攻伐胡国，便先把自己的女儿嫁给胡国的国君，接着又杀掉了主张讨伐胡国的关其思，胡国因此放松了戒备，郑国突然出兵，一举灭了胡国。又如刘邦派郦食其劝齐王降汉，使齐王不做防御汉军进攻的准备，韩信乘机加兵于齐，齐王因此烹杀了郦食其。

“苦肉计”其实是一种用间方式，是以加害自身或牺牲自身为代价的特殊方式；唯其特殊，故单列为计。

“人不自害，受害必真。”这是公理。公理者，人人认可，不假思索也。唯其不假思索，故屡试不爽。可见思维惯性的力量是多么强大。

郑武公想要攻打胡国，先把自己的女儿嫁给胡国的国君，结成婚姻之好，然后问大臣：“我想对外用兵，你们看讨伐谁成功的把握最大？”大夫关其思回答说：“讨伐胡国成功的把握最大。”郑武公大怒，杀了关其思，并责骂道：“胡国是我们的兄弟之国，你却要我对它用兵，是何道理！”胡君听说了这件事，非常感动，认为毕竟女儿连心，有姻亲之谊，于是，放松了对郑国的戒备。郑武公乘机偷袭，灭了胡国。

多么残酷！岂止是不爱惜爵禄百金，他居然以牺牲自己女儿的幸福和大臣的生命为代价去满足自己的兼并之欲。这一招太阴毒、太果敢、太奇特，以常人的智慧不可理喻；唯其如此，故能大获成功。不过，用战争经济学的观点来看，这也许是最佳方案。乘敌不备，一举而克，以最小的代价换取最大的成功，与蚁附而攻、相持数年、国力耗竭、百姓疲敝、“白骨露于野，千里无鸡鸣”的战争惨状形成了鲜明的对比。这就是政治家的胸襟，在国家利益面前，他们能够超越生物本能的驱使，没有太多的儿女情长。

郦食其是刘邦的一个谋士，好读书，富韬略，人称郦生。正当楚汉战争处于胶着状态、齐国的向背事关全局的紧要关头，郦生为刘邦运筹帷幄，并只身前往齐国游说齐王田广背楚归汉。他问齐王："大王可知道天下之所归？"齐王说不知道。郦生说："大王如果知道天下之所归，您还可以保有齐国的国脉；如果不知道天下之所归，齐国也就保不住了。"齐王问："天下将归于谁？"郦生答："归于汉。"齐王问："有何根据？"郦生答道："汉王与项王勠力攻秦，二人曾约定，先入关中者为关中王。汉王先入咸阳，项王却负约不让汉王做关中王而让他做了汉中王。项王迁杀义帝而自立，汉王闻讯，揭竿而起，发蜀汉之兵攻击三秦，收天下之兵，立诸侯之后。攻下城池就封其将领为侯，得到财货就分与自己的将士，所以，英雄、豪杰、贤才、志士乐意为汉王效命。如今诸侯之兵四面而至，蜀汉粮草源源不断。项王有背约之名，杀义帝之负；对别人的功劳忘得干干净净，对别人的过失却牢记在心；将士打了胜仗得不到奖赏，拔下城池得不到封爵；非项氏宗亲得不到重用；封印已经刻好，把玩再三舍不得封授；攻城略地的战利品不愿赏赐部下。所以天下背叛他，贤才怨恨他，不肯为他效命。由此断定，天下将最终归于汉王，这已是不争的论断。试想，汉王兵发蜀汉，定三秦，涉西河之外，援上党之兵；下井陉，诛成安君；破北魏，举三十二城。这些业绩不是靠人力能够实现的，显然是上天的保佑。如今据有敖仓之粟，拥兵成皋险塞，守御白马津要，占据太行之阪，据守蜚狐之口，谁最后归附汉王，谁就最先灭亡。大王尽快臣服汉王，齐国社稷还保得住；否则，危亡马上就会降临。"

齐王认为有理，就采纳了郦生的建议，罢兵撤守，与郦生终日纵酒欢娱。

这时，大将韩信正要率兵向齐国进军，得知汉王已经派郦生说服齐王归汉，打算取消进攻齐国的计划。谋士蒯通对韩信说：“将军奉命进军齐地，而汉王独自派间使说服齐王归汉，您接到停止进军的诏命了吗？凭什么停止进军啊！况且，郦生一儒士，逍遥自在地坐在车上，仅凭三寸不烂之舌就说下齐地七十余城；而将军率数万大军一年多时间才拿下赵国五十余城。做大将数年，反不如一名竖儒的能耐？”韩信深以为然，于是渡河疾进，乘齐无备，拿下历城，迅速进抵临淄城下。

齐王田广闻讯，知道上了郦生的当，就对郦生说：“你如果能阻止汉军进攻，我就留你一条活命；否则，我就请你下油锅。”郦生回答说：“成就大事业的人不拘小节，具有盛德的人不辞谦让。我不会为你再说话！”齐王气急，烹了郦生。

这郦生既富于韬略，对说齐使命的危险应该了然于心，从他面对酷刑时的从容与决绝就可以断定，他早已将自己的生死置之度外。汉王既然对他没有作任何承诺，当齐王罢兵撤守，丧失防御能力时，以韩信的眼光，再加上身边精英荟萃，岂能以郦生为系，放过唾手可得的胜利果实？这道理，想必郦生比谁都明白。苦肉计三方，汉王、韩信和郦生，彼此心领神会，各尽职守。平静的外交活动中透着“士为知己者死”的慷慨与壮烈，闪耀着智慧火花的军事行动中折射出政治的惨烈和无情。

“苦肉计”绝不仅仅意味着皮肉之苦，它的代价也可能是鲜活的生命。

第三十五计　更看谋略称筹幄

——连环计

【本计解语】将多兵众，不可以敌；使其自累，以杀其势。在师中吉，承天宠也。

解语大意：敌军良将精兵众多，不宜以武力硬拼；应当运用谋略，使敌人自相牵累，削弱其气势。将帅如果根据师卦原理用兵打仗，一定吉利，就如同得到上天的保护一样。

"在师中吉，承天宠也"是师卦九二爻的象辞。师，即军队，九二爻以一阳统群阴，处于险境。然而只要持中不偏，就大吉大利，犹如秉承了上天的优宠一样。

【本计按语】庞统使曹操战舰勾连，而后纵火焚之，使不得脱。则连环计者，其法在使敌自累，而后图之。盖一计累敌，一计攻敌，两计扣用，以摧强势也。如宋毕再遇尝引敌与战，且前且却，至于数四。视日已晚，乃以香料煮黑豆，布地上，复前搏战，佯败走。敌乘胜追逐，其马已饥，闻豆香，乃就食，鞭之不前。遇率师反攻，遂大胜。皆连环之计也（《历代名将用兵方略·宋》）。

按语大意：三国时，赤壁大战之前，被誉为奇才的庞统诈归曹营，向曹操献计，用铁锁把船舰连起来。后来周瑜火烧赤壁时，曹营的船舰不得走脱。看来，连环计就是让敌人自相牵累，然后再谋攻击的方略。大体上就是用一计使敌人自相牵累，再用一计攻击敌人，两计环扣，结合运用，以摧毁敌人强大的势力。再如南宋抗金名将毕再遇曾经引诱敌人前来交战，他指挥军队忽而前进，忽而退却，如此数次，将敌人拖住。看天色已晚，毕再遇便命令用香料煮黑豆，撒在地上。再前进同敌交战，接着假装败走。敌人便乘胜追击，但这时敌人战马饥困，闻豆香扑鼻，便俯首吃起香豆来，任人用鞭子抽打，也不肯再前进。这时，毕再遇挥师反攻，大获全胜。这些都是连环计的运用。

“连环计”当然不是一计。而是计计相连，环环相扣，是各种计谋的综合运用。当敌人强大，一计还不足以破敌时，就需要多种计谋的连环使用。

赤壁大战，孙、刘联军火攻之计得手。火攻之所以得手，在于周瑜行反间，使曹操的战舰连在一起，不得动弹；曹舰相连目标的达成，又在于周瑜行反间，使曹操误杀了谙习水战的蔡瑁和张允；最后，黄盖行苦肉计，以降曹之名将“火船”推给了曹营，成就了中国军事史上以少胜多、以弱胜强的典型战例。

施计于敌，谨防敌人将计就计。如前文所讲，孙权对刘备施美人计，刘备将计就计，结果孙权赔了夫人又折兵。在赤壁之战中，假设曹操早点醒悟，将计就计，以假蔡瑁、张允代死，后果不堪设想；假设曹操将计就计，赚黄盖，截火船，后果不堪设想；假设……当然只是假设。历史不能假设，但却可以从“假设”中总结经验教训，增益心智，提高洞察战场形势的能力。从赤壁之战即可看出，用间是最高智慧的较量，所以孙子说“非圣不能用间，非仁不能用间，非微妙不能得间之实”。

战争是实力的较量，也是智慧的游戏。而连环计则是战争智慧的集中展现和碰撞，是智慧中的智慧，游戏中的游戏。在智慧的舞台上，实力的作用显得多么苍白、多么无足轻重。这也正是以少胜多、以弱胜强的根据。正是它，燃起了无数弱者心中的希望之火；正是它，使血淋淋的战争升华为一门“艺术”；正是它，使战争在某种程度上超越了弱肉强食的丛林法则，使残酷的战争折射出“人性”的光芒。

当然，我们并不希望这门“艺术”得到发扬光大。

第三十六计 不得已而为之

—— 走为上

【本计解语】全师避敌。左次无咎，未失常也。

解语大意：避开强大的敌人，以保全自己的实力。根据师卦原理，这样做并不失用兵的正常法则。“左次无咎，未失常也”是师卦六四爻的象辞。左次，即军队后撤。古时尚右，右为前，左为后。左次即后退。全句大意为：军队适时后撤，避免遭受损失，这也是正常的用兵方略。

【本计按语】敌势全胜，我不能战，则必降、必和、必走。降则全败，和则半败，走则未败。未败者，胜之转机也。如宋毕再遇与金人对垒，度金兵至者日众，难与争锋。一夕拔营去，留旗帜于营，豫缚生羊悬之，置其前二足于鼓上。羊不堪倒悬，则足击鼓有声，金人不觉为空营，相持数日。及觉，欲追之，则已远矣。可谓善走者矣。

按语大意：敌人兵力占绝对优势，我方难以战胜他们，那么剩下的无非三条路：投降、求和、退兵。投降是彻底的失败，求和则是部分的失败，退兵则不是失败。没有失败，就是胜利的转机。如南宋毕再遇率军同金兵对垒，料定金兵援军日益增多，难与金兵争胜，便在一夜之间拔营撤军，但旗帜仍留在军营。撤退前，他命令把活羊吊起来，把羊的前腿放在战鼓上面。羊不堪倒悬之苦，两条前腿在鼓上面乱蹬，于是击鼓有声。金兵听到鼓声，以为宋军仍在，没有发觉宋军已空营而去。几天以后，金兵发觉上当，想要追赶，但宋军已经走得很远了。这可称为善于退却的典型战例。

“三十六计走为上”，是人们在日常生活中使用频率颇高的谚语之一。可细想起来，疑问不小。走者，跑也，即逃跑。逃跑之为“上”，且是三十六计中的“上”，不知何“上”之有！笔者认为，“三十六计走为上”的本义应该是：第三十六计是“走为上”，而不是“走为上”是三十六计中的上计。当面对不可战胜的强敌时，上策就是全师而退；“走”之为“上”，前提是面对不可战胜的强敌。谚语虽为大众认可，但作为军事计谋，正个“名分”是完全必要的。

打有打的技巧，走有走的艺术。本计的“走”，当然不是丢盔弃甲，抱头鼠窜，风声鹤唳，草木皆兵。无兵可用时显得从容，无粮可食时显得闲适，命悬一线时透着淡定，大部队撤离时又似乎悄无声息，这才是“走”的真义。

诸葛亮无兵可用反而空城示敌，多么从容自信；元英撤围北退反而将机密告知敌将，多么胆大潇洒；毕再遇使悬羊击鼓空营，全师而退，多么机敏巧妙；汉将李广以一百多骑逼退数千敌兵，多么富于悬念；檀道济无粮可用时以沙代粮，多么富于魔幻色彩……这就是战争艺术。战争艺术，实际是指运用战争手段的技巧。战争之为“艺术”，更多地体现在无兵、无粮的环境中。

进攻是战争的主题。因为进攻才是赢得战争胜利的主要手段。撤退在战争中的地位亦不容忽视。撤退无法，即便十倍于敌，也可能陷入混乱之中，为敌所败。383 年的淝水之战，前秦王苻坚以“投鞭断流”的近百万大军迎战仅有七八万兵力的东晋军队，两军在淝水对峙，秦军统帅答应了晋将提出的秦军稍稍后撤以便晋军渡河决战的要求，谁知秦军一退而不可止，被晋军杀了个七零八落。此役作为以少胜多的典型战例，为中国军事史乃至世界军事史上留下了光辉的一页。

胜利固然令人喜悦和振奋，不胜不败的撤退也同样令人鼓舞，有时甚至不亚于打胜仗对人的鼓舞。试想，无粮可用，士无恋战之心；或陷入重围，危在旦夕，将士绝望之时，由于统帅的巧妙运筹，得以全师而退，这死里逃生的喜悦与胜仗的喜悦岂有伯仲之分！第二次世界大战时英军的敦刻尔克大撤退不同样大大鼓舞了英国人民战胜法西斯的信心吗？

不要忘了“走为上”是“败战计”中的最后一计。在极端困难的环境中，能够跑得了、走得脱，没有高超的智慧难以为之。从这个意义上说“走为上”，倒非常合适。

跋

夫战争之事，其道多端。强国、练兵、选将、择敌，战前战后，一切施为，皆兵道也。惟比比者，大都有一定之规，有陈例可循。而其中变化万端，诙诡奇谲、光怪陆离、不可捉摸者，厥为对战之策。三十六计者，对敌之策也，诚大将之要略也。闲尝论之：胜战、攻战、并战之计，优势之计也；敌战、混战、败战之计，劣势之计也。而每套之中，皆有首尾次第。六套次序，亦可演以阴……（原文下缺）

大意：关于战争，其内容和战术方法十分丰富。加强国防，训练士兵，选拔将领，选择作战的对象，战前的准备和动员，战后的补充和休整等活动，都是军事工作的重要内容。所有这些活动都有一定的规律可循，都有历史的经验可供借鉴。而其中变化万端、诡谲奇特、光怪陆离、不可捉摸的，就是有关作战策略的问题了。三十六计，就是对付敌人的策略，也的确是大将指挥作战的重要方略。我闲暇时曾对三十六计作了大体的划分：胜战、攻战和并战三套计，是军队处于优势时宜于运用的计谋；敌战、混敌和败战三套计，是军队处于劣势时宜于运用的计谋。在每套计中，都有首尾次序。根据六套的次序，也可以用《易经》阴（阳互变的思想）推演……（原文下缺）

图书在版编目（CIP）数据

数术之变：《三十六计》探智 / 刘国建著．— 郑州：海燕出版社，2015.8（2017.6 重印）
（华夏文库．经典解读系列）
ISBN 978-7-5350-6179-9

Ⅰ．数… Ⅱ．①刘… Ⅲ．①兵法－中国－古代 ②《三十六计》－研究 Ⅳ．① E892.2

中国版本图书馆 CIP 数据核字（2015）第 032269 号

华夏文库 经典解读系列

数术之变

——《三十六计》探智

刘国建 著

出版发行：海燕出版社
（郑州市北林路 16 号　450008）
发行热线：0371-65734522
经　　销：全国新华书店
印　　刷：恒美印务（广州）有限公司
开　　本：635 毫米 ×965 毫米　1/16
印　　张：10 印张
字　　数：125 千字
版　　次：2015 年 8 月第 1 版
印　　次：2017 年 6 月第 5 次印刷
定　　价：17.00 元